O povo da Bíblia narra suas origens

COLEÇÃO BÍBLIA EM COMUNIDADE

PRIMEIRA SÉRIE – VISÃO GLOBAL DA BÍBLIA

1. Bíblia, comunicação entre Deus e o povo – Informações gerais
2. Terras bíblicas: encontro de Deus com a humanidade – Terra do povo da Bíblia
3. O povo da Bíblia narra suas origens – Formação do povo
4. As famílias se organizam em busca da sobrevivência – Período tribal
5. O alto preço da prosperidade – Monarquia unida em Israel
6. Em busca de vida, o povo muda a história – Reino de Israel
7. Entre a fé e a fraqueza – Reino de Judá
8. Deus também estava lá – Exílio na Babilônia
9. A comunidade renasce ao redor da Palavra – Período persa
10. Fé bíblica: uma chama brilha no vendaval – Período greco-helenista
11. Sabedoria na resistência – Período romano
12. O eterno entra na história – A terra de Israel no tempo de Jesus
13. A fé nasce e é vivida em comunidade – Comunidades cristãs na terra de Israel
14. Em Jesus, Deus comunica-se com o povo – Comunidades cristãs na diáspora
15. Caminhamos na história de Deus – Comunidades cristãs e sua organização

SEGUNDA SÉRIE – TEOLOGIAS BÍBLICAS

1. Deus ouve o clamor do povo (Teologia do êxodo)
2. Vós sereis o meu povo e eu serei o vosso Deus (Teologia da aliança)
3. Iniciativa de Deus e corresponsabilidade humana (Teologia da graça)
4. O Senhor está neste lugar e eu não sabia (Teologia da presença)
5. Profetas e profetisas na Bíblia (Teologia profética)
6. O Sentido oblativo da vida (Teologia sacerdotal)
7. Faça de sua casa um lugar de encontro de sábios (Teologia sapiencial)
8. Grava-me como selo sobre teu coração (Teologia bíblica feminista)
9. Teologia rabínica (em preparação)
10. Paulo, apóstolo de Jesus Cristo pela vontade de Deus (Teologia paulina)
11. Compaixão, cruz e esperança (Teologia de Marcos
12. Lucas e Atos: uma teologia da história (Teologia lucana)
13. Ide e fazei discípulos meus todos os povos (Teologia de Mateus)
14. Teologia joanina (em preparação)
15. Eis que faço novas todas as coisas (Teologia apocalíptica)
16. As origens apócrifas do cristianismo (Teologia apócrifa)
17. Teologia da Comunicação (em preparação)
18. Minha alma tem sede de Deus (Teologia da espiritualidade bíblica)

TERCEIRA SÉRIE – BÍBLIA COMO LITERATURA

1. Bíblia e Linguagem: contribuições dos estudos literários (em preparação)
2. Introdução às formas literárias no Primeiro Testamento (em preparação)
3. Introdução às formas literárias no Segundo Testamento (em preparação)
4. Introdução ao estudo das Leis na Bíblia
5. Introdução à análise poética de textos bíblicos
6. Introdução à Exegese patrística na Bíblia (em preparação)
7. Método histórico-crítico (em preparação)
8. Análise narrativa da Bíblia
9. Método retórico e outras abordagens (em preparação)

QUARTA SÉRIE – RECURSOS PEDAGÓGICOS

1. O estudo da Bíblia em dinâmicas – Aprofundamento da Visão Global da Bíblia
2. Aprofundamento das teologias bíblicas (em preparação)
3. Aprofundamento da Bíblia como Literatura (em preparação)
4. Pedagogia bíblica
   4.1. Primeira infância: E Deus viu que tudo era bom
   4.2. Segunda Infância (em preparação)
   4.3. Pré-adolescência (em preparação)
   4.4. Adolescência (em preparação)
   4.5. Juventude (em preparação)
5. Modelo de ajuda (em preparação)
6. Mapas e temas bíblicos (em preparação)
7. Metodologia de estudo e pesquisa (em preparação)

Serviço de Animação Bíblica - SAB

O povo da Bíblia narra suas origens

8ª edição - 2012
5ª reimpressão - 2021

Dados Internacionais de Catalogação na Publicação (CIP)
(Câmara Brasileira do Livro, SP, Brasil)

O Povo da Bíblia narra suas origens / elaboração de texto Romi Auth, Equipe do SAB ; ilustrações Roberto Melo. – 8. ed. – São Paulo : Paulinas, 2012. -- (Coleção Bíblia em comunidade. Série visão global ; v. 3)

ISBN 978-85-356-3214-9

1. Bíblia - Crítica e interpretação 2. Bíblia - Estudo e ensino 3. Bíblia - História 4. Bíblia - Introduções 5. Israel - História 6. Povo de Deus - Ensino bíblico I. Auth, Romi. II. Serviço de Animação Bíblica - SAB. III. Melo, Roberto. IV. Série.

12-06616   CDD-220.6

Índice para catálogo sistemático:
1. Bíblia : Interpretação e crítica 220.6

Elaboração do texto: *Romi Auth, fsp, e Equipe do SAB*
Assessores bíblicos: *Jacil Rodrigues de Brito, José Raimundo Oliva, Paulo Sérgio Soares, Valmor da Silva*
Cartografia: *Prof. Dr. José Flávio Morais Castro, do Departamento de Planejamento Territorial e Geoprocessamento do IGCE – UNESP*
Metodologia: *Maria Inês Carniato*
Citações bíblicas: *Bíblia de Jerusalém, São Paulo, Paulus, 1985*

Gratidão especial às pessoas que colaboraram, com suas experiências, sugestões e críticas, para a elaboração e apresentação final do projeto "Bíblia em comunidade" na forma de livro e transparências para retroprojetor.

SAB – Serviço de Animação Bíblica
Av. Afonso Pena, 2142 – Bairro Funcionários
30130-007 – Belo Horizonte – MG
Tel.: (31) 3269-3737
Fax: (31) 3269-3729
E-mail: sab@paulinas.com.br

Paulinas
Rua Dona Inácia Uchoa, 62 – Vila Mariana
04110-020 – São Paulo – SP (Brasil)
Tel.: (11) 2125-3500
http://www.paulinas.com.br – editora@paulinas.com.br
Telemarketing e SAC: 0800-7010081

©Pia Sociedade Filhas de São Paulo – São Paulo, 2001

Sumário

APRESENTAÇÃO 7

METODOLOGIA 9
Motivação 9
Sintonia integral com a Bíblia 9
Pressupostos da metodologia integral 10
Recursos metodológicos 11
Roteiro para o estudo dos temas 12
Cursos de capacitação de agentes para a pastoral bíblica 12

INTRODUÇÃO 13

1º TEMA – O NOME DO POVO RETRATA SUA HISTÓRIA 15
A história do Brasil ajuda a compreender a história do povo da Bíblia ... 17
A preocupação com as origens 24
História de Israel: um novo olhar sobre os fatos 31
Roteiro para o estudo do tema 32

2º TEMA – NA EXPERIÊNCIA DA FRAQUEZA, O POVO VÊ A FORÇA DE DEUS ... 33
Diferentes pontos de partida para contar a mesma história 34
Contexto histórico da região de Canaã na formação do povo de Israel:
grandes impérios a dominavam 37
Roteiro para o estudo do tema 40

3º TEMA – OS FRACOS E PEQUENOS CONSTROEM O POVO DE DEUS 41
Grupo dos camponeses oprimidos e revoltados:
hapirus que sonhavam com a libertação e procuravam conquistá-la 42
Grupo dos pastores ou descendentes dos patriarcas 45
Roteiro para o estudo do tema 51

4º TEMA – O POVO RECONTA A HISTÓRIA E REVIVE A LIBERTAÇÃO 53
Grupo dos fugitivos do Egito, ou grupo mosaico:
uma experiência que mudou a história 54
Grupo dos beduínos de Seir: Deus revelou seu nome a eles ... 60
Características do culto a YaHWeH: um Deus diferente dos ídolos 62
Conclusão: o povo se une a partir da descoberta de Deus 65
Roteiro para o estudo do tema 67

SUBSÍDIOS DE APOIO 68

Apresentação

Os volumes da coleção "Bíblia em comunidade" têm o objetivo de acompanhar os que desejam entrar em comunicação e comunhão com Deus por meio da Bíblia, trazendo-a para o centro de sua vida e da comunidade.

Muitas pessoas — e talvez você — têm a Bíblia e a colocam num lugar de destaque em sua casa; outras fazem dela o livro de cabeceira; outras, ainda, a leem engajadas na caminhada de fé de sua Igreja, seguindo sua orientação. Muitas, ao lê-la, sentem dificuldade de entendê-la e a consideram misteriosa, complicada, difícil. Algumas das passagens bíblicas até despertam medo. Por isso, a leitura, o estudo, a reflexão, a partilha e a oração ajudam a despertar maior interesse nas pessoas; na leitura diária elas descobrem a Palavra como força que as leva a ver a realidade com olhos novos e a transformá-la. O conhecimento, a libertação, o amor, a oração e a vida nova que percebem ao longo da caminhada são realizações de Deus com sua presença e ação.

Esta coleção oferece um estudo progressivo em quatro séries. A primeira, "Visão global", traz as grandes etapas da história do povo da Bíblia: a terra, a região, a cultura, os personagens, as narrativas que falam de sua relação de amor com Deus. À medida que conhecemos a origem e a história do povo, percebemos que a Bíblia retrata a experiência de pessoas como nós, que descobriram a presença de Deus no cotidiano de sua vida e no da comunidade, e assim deram novo sentido aos acontecimentos e à história.

"Teologias bíblicas" são o assunto da segunda série, que estuda aquilo que o povo da Bíblia considerou essencial em sua comunicação com Deus. As grandes experiências de fé foram sempre contadas, revividas e celebradas nos momentos mais importantes da história e ao longo das gerações. O povo foi entendendo progressivamente quem era Deus na multiplicidade de suas manifestações, especialmente nas situações difíceis de sua história.

O título da terceira série é "Bíblia como literatura". Nela são retomados os textos bíblicos de épocas, lugares, contextos sociais, culturais e religiosos diferentes. Vamos estudar, por meio dos diversos gêneros literários, a mensagem, a interpretação e o sentido que eles tiveram para o povo da Bíblia e que nós podemos descobrir hoje. Cada um deles expressa, de forma literária e orante, a experiência de fé que o povo fez em determinadas situações concretas. Os tempos de hoje têm muitas semelhanças com os tempos bíblicos. Embora não possamos transpor as situações do presente para as da época bíblica, pois os tempos são outros, o conhecimento da situação em que os escritos nasceram ajuda-nos a reler a nossa realidade com os mesmos olhos de fé.

Por fim, a quarta série, "Recursos Pedagógicos", traz ferramentas metodológicas importantes para auxiliar no estudo e aprofundamento do conteúdo que é oferecido nas três séries: Visão Global da Bíblia, Teologias Bíblicas e Bíblia como Literatura. Esta série ajuda, igualmente, na aplicação de uma Metodologia de Estudo e Pesquisa da Bíblia; na Pedagogia Bíblica usada para trabalhar a Bíblia com crianças, pré-adolescentes, adolescentes e jovens; na Relação de Ajuda para desenvolver as habilidades de multiplicador e multiplicadora da Palavra, no meio onde vive e atua.

A coleção "Bíblia em comunidade" quer acompanhar você na aventura de abrir, ler e conhecer a Bíblia, e, por meio dela, encontrar-se com o Deus Vivo. Ele continua, hoje, sua comunicação em nossa história e com cada um(a) de nós. Mas, para conhecê-lo profundamente, é preciso deixar que a luz que nasce da Bíblia ilumine o contexto de nossa vida e de nossa comunidade.

Este e os demais subsídios da coleção "Bíblia em comunidade" foram pensados e preparados para pessoas e grupos interessados em fazer a experiência da revelação de Deus na história e acompanhar outras pessoas nessa caminhada. O importante neste estudo é perceber a vida que se reflete nos textos bíblicos, os quais foram vida para nossos antepassados e podem ser vida para nós. Sendo assim, as ciências, a pesquisa, a reflexão sobre a história, os fatos podem nos ajudar a não cair numa leitura fundamentalista, libertando-nos de todos os "ismos" — fundamentalismos, fanatismos, literalismos, proselitismos, exclusivismos, egoísmos... — e colocando-nos numa posição de abertura ao inesgotável tesouro de nossas tradições milenares. A mensagem bíblica é vida, e nossa intenção primeira é evidenciar, ajudar a tornar possível essa vida.

Vamos juntos fazer esta caminhada!

Equipe do SAB

Metodologia

Para facilitar a compreensão e a assimilação da mensagem, a coleção "Bíblia em comunidade" segue uma metodologia integral, que descrevemos a seguir.

Motivação

"Tira as sandálias", diz Deus a Moisés, quando o chama para conversar (Ex 3,5). Aproximar-se da Bíblia de pés descalços, como as crianças gostam de andar, é entrar nela e senti-la com todo o ser, permitindo que Deus envolva nossa capacidade de compreender, sentir, amar e agir.

Para entrar em contato com o Deus da Bíblia, é indispensável "tornar-se" criança. É preciso "tirar as sandálias", despojar-se do supérfluo e sentir-se totalmente pessoa, chamada por Deus pelo nome, para se aproximar dele, reconhecê-lo como nosso *Go'el*, nosso Resgatador, e ouvi-lo falar em linguagem humana. A comunicação humana é anterior aos idiomas e às culturas. Para se comunicar, todo ser humano utiliza, ainda que inconscientemente, a linguagem simbólica que traz dentro de si, a qual independe de idade, cultura, condição social, gênero ou interesse. É a linguagem chamada primordial, isto é, primeira: a imagem, a cor, o ritmo, a música, o movimento, o gesto, o afeto, enfim, a experiência.

A escrita, a leitura e a reflexão são como as sandálias e o bastão de Moisés: podem ajudar na caminhada até Deus, mas, quando se ouve a voz dele chamando para conversar, não se leva nada. Vai-se só, isto é, sem preconceitos nem resistências: "como criança", de pés descalços.

Sintonia integral com a Bíblia

O estudo da Bíblia exige uma metodologia integral, que envolva não só a inteligência, mas também o coração, a liberdade e a comunidade.

Com a inteligência, pode-se conhecer a experiência do povo da Bíblia:
- descobrir o conteúdo da Bíblia;
- conhecer o processo de sua formação;
- compreender a teologia e a antropologia que ela revela.

Com o coração, é possível reviver essa experiência:
- entrar na história da Bíblia, relendo a história pessoal e a da comunidade à luz de Deus;
- realizar a partilha reverente e afetiva da história;
- deixar que a linguagem humana mais profunda aflore e expresse a vida e a fé.

Com a liberdade, a pessoa pode assumir atitudes novas:
- deixar-se iluminar e transformar pela força da Bíblia;
- viver atitudes libertadoras e transformadoras;
- fazer da própria vida um testemunho da Palavra de Deus.

Com a comunidade, podemos construir o projeto de Deus:
- iluminar as diversas situações da vida;
- compartilhar as lutas e os sonhos do povo;
- comprometer-nos com a transformação da realidade.

Pressupostos da metodologia integral

Quanto aos recursos:
- os que são utilizados com crianças são igualmente eficazes com adultos, desde que estes aceitem "tornar-se crianças";
- incentivam o despojamento, a simplicidade e o resgate dos valores esquecidos na vida da maioria dos adultos. As duas expressões elementares da linguagem humana primordial são imagem-cor, movimento-ritmo. Todo recurso metodológico que partir desses elementos encontra sintonia e pode se tornar eficaz.

Quanto à experiência proposta:
A metodologia integral propõe que o conhecimento seja construído não só por meio do contato com o texto escrito, mas também da atualização da experiência. Para isso é indispensável:
- a memória partilhada e reverente da história, do conhecimento e da experiência de cada um dos participantes;
- o despojamento de preconceitos, a superação de barreiras e o engajamento nas atividades alternativas sugeridas, como encenações, danças, cantos, artes.

Recursos metodológicos

Para que a metodologia integral possa ser utilizada, a coleção "Bíblia em comunidade" propõe os seguintes recursos metodológicos:

a) Livros

Os livros de coleção trazem, além do conteúdo para estudo, as sugestões de metodologia de trabalho com os temas em foco. Podem ser utilizados de várias formas: em comunidade ou em grupo, em família ou individualmente.

1. Partilha comunitária

Pode reunir-se um grupo de pessoas, lideradas por alguém que tenha capacitação para monitorar a construção comunitária da experiência, a partir da proposta dos livros.

2. Herança da fé na família

Os livros podem ser utilizados na família. Adultos, jovens, adolescentes e crianças podem fazer a experiência sistemática de partilha da herança da fé, seguindo a metodologia sugerida nas reuniões, como se faz na catequese familiar.

Na modalidade de estudo em comunidade, em grupo ou em família, existem ainda duas opções:

- *Quando todos possuem o livro.* O conteúdo deve ser lido por todos, antes da reunião; nela se faz o mutirão da memória do que foi lido e o(a) líder coordena a síntese; depois se realiza o roteiro previsto nas sugestões metodológicas para o estudo do tema.
- *Quando só o(a) líder tem o livro.* Fica a cargo do(a) líder a prévia leitura e síntese do conteúdo, que será exposto ao grupo. Passa-se a seguir ao roteiro previsto nas sugestões metodológicas para o estudo do tema.

3. Estudo pessoal dos livros

Embora a coleção dê ênfase ao estudo da Bíblia em comunidade, os livros podem ser utilizados também por pessoas que prefiram conhecê-la e estudá-la individualmente, seguindo os vários temas tratados.

b) Recursos visuais

Para que se realize a metodologia integral, são indispensáveis mapas, painéis e ilustrações, indicados nos roteiros de estudo dos temas, sempre que necessário. Os recursos seguem alguns critérios práticos:
- os mapas se encontram nos livros, para que as pessoas possam colori-los e visualizá-los;
- esses mapas foram reproduzidos em transparências para retroprojetor;
- outros recursos sugeridos nos roteiros podem ser produzidos segundo a criatividade do grupo.

Roteiro para o estudo dos temas

Os encontros para o estudo dos temas seguem um roteiro básico composto de quatro momentos significativos. Cada momento pode ter variantes, como também a sequência dos momentos e os recursos neles usados nem sempre são os mesmos. Os quatro momentos são:

1. *Oração*: conforme a criatividade do grupo.
2. *Mutirão da memória*: para compor a síntese do conteúdo já lido por todos ou para ouvir a exposição feita pelo(a) líder.
3. *Partilha afetiva*: memória e partilha de experiências pessoais que venham ilustrar os temas bíblicos que estão sendo trabalhados.
4. *Sintonia com a Bíblia*: leitura dos textos indicados, diálogo e síntese da experiência de estudar o tema e sua ressonância em nossa realidade. Cabe ao(à) líder mostrar os pontos essenciais do conteúdo. Quanto ao desenvolvimento, pode ser assessorado por equipes: de animação, de espiritualidade, de organização.

Cursos de capacitação de agentes para a pastoral bíblica

O Serviço de Animação Bíblica (SAB) oferece cursos de capacitação de agentes que desejam colaborar na formação bíblica em suas comunidades, paróquias e dioceses. Os cursos oferecem o aprofundamento dos temas a partir da coleção "Bíblia em comunidade" e a realização de atividades que possibilitem uma análise de conteúdos a partir das diversas linguagens de comunicação, como: vídeo, teatro, métodos de leitura bíblica e outros.

Introdução

Este é o terceiro volume da coleção "Bíblia em comunidade" e faz parte da primeira série: "Visão global".

Os quatro temas nele desenvolvidos ajudarão você a descobrir como o povo da Bíblia se formou, entre as lutas e as conquistas daqueles que faziam parte dos grupos iniciais.

"O nome do povo retrata sua história" é o primeiro tema. Faz um paralelo entre a formação do povo brasileiro e a formação do povo de Israel. Mesmo que exista uma grande distância no tempo e no espaço, uma história ajuda a conhecer e entender a outra.

"Na experiência da fraqueza, o povo vê a força de Deus" é o segundo tema. Foi em sua pequenez e fragilidade que o israelitas perceberam a presença e a ação de Deus. Entre altos e baixos, avanços e retrocessos, eles foram descobrindo a sua força e fazendo história.

O terceiro tema mostra como a fé em um Deus diferente reuniu os primeiros grupos que formaram o povo e lhes deu força para buscar uma vida melhor, pois "Os fracos e pequenos constroem o povo de Deus".

O quarto tema intitula-se "O povo reconta a história e revive a libertação". Narra a forma como o povo contava e repetia as histórias de luta e libertação vividas pelos antepassados. E todos se consideravam descendentes e herdeiros daqueles que haviam sido pais e mães da fé no Deus diferente.

Ao fim do estudo deste volume, você terá feito uma descoberta incrível: a experiência de fé que caracterizou e distinguiu aquele pequeno povo de todos os outros povos da terra é a mesma experiência que Deus hoje nos oferece.

1º tema
O nome do povo retrata sua história

Israel e Brasil revelam em seus nomes a grandeza e a força do povo que forma suas origens. Têm histórias marcadas pela luta em busca de uma vida digna e justa.

O povo da Bíblia, no decorrer da história, recebeu nomes diferentes: hebreu, Israel (israelita), judeu e outros. O nome que mais aparece na Bíblia é "Israel" ou "filhos de Israel" (Gn 35,10; 32,28-29; 46,5); surgiu com a formação do povo. Esse nome se compõe de duas palavras da língua hebraica: *sará*, que significa "lutar", e *el*, "deus", ou "divindade". Em Gn 32,28-29 e 35,10, lemos que Deus mudou o nome de Jacó para Israel. Ao traduzir literalmente a palavra "Israel", temos "Deus lutará" ou "que Deus se mostre forte", visto que Jacó, segundo Gn 32,25-30, tinha lutado intensamente com Deus e prevaleceu conquistando sua bênção. O novo nome ("Israel") dado a Jacó caracterizaria não só a vida dele na luta pela conquista da bênção, mas a luta de todos os seus descendentes, os israelitas, pela bênção da terra, da descendência e de um grande nome (Gn 28,13-17).

Cada povo traz no nome um pouco de sua história. Assim, o nome dado ao Brasil qualificou-nos de povo brasileiro. O nome "Brasil" foi escolhido por causa da abundância do pau-brasil, tipo de madeira já conhecida e comercializada na Europa, no período da conquista. Não só o pau-brasil, mas as grandes riquezas naturais, vegetais e da fauna foram e continuam sendo disputadas neste país.

Israel e Brasil deram origem a dois povos formados em épocas distintas, ambos com grandes diferenças geográficas e culturais, e ao mesmo tempo com algumas semelhanças. O povo de Israel, a partir da migração de semitas amoritas para Canaã até o reino davídico, levou cerca de 800 anos para se constituir como nação,[1] com seu território, seus chefes, sua organização e suas tradições familiares, culturais, sociais e religiosas solidificadas.

O povo brasileiro, com sua mescla de raças (índios, brancos e negros), já apresenta um outro tipo de formação: depois de 12 milênios

---
[1] Aproximadamente de 1800 a 1000 a.E.C.

de presença indígena em nosso território e 322 anos após a invasão dos portugueses, seguida do transporte dos escravos africanos para cá, se caracteriza, formalmente, como nação com a proclamação da independência.

A história dos dois povos — israelita e brasileiro —, como a de todos os outros, é de muita luta, sofrimento, conquista e às vezes de muito sangue. São histórias do povo de Deus, de ontem e de hoje. Nossa história e a do povo de Israel, como a de todos os povos, são histórias sagradas. Todos construíram sua história em busca de liberdade, de autonomia e de melhores condições de vida. Se houve sofrimento para quem iniciou a história desprovido de recursos, é igualmente difícil, para quem vai reconstruí-la, dispor de referenciais. Isso exige pesquisa, confronto dos dados que as ciências oferecem.

A história do Brasil ajuda a compreender a história do povo da Bíblia

Muitas dificuldades surgem na reconstituição da história de um povo, mas nem sempre são resolvidas. Os motivos são muitos: a distância no tempo, a língua, os recursos materiais, as fontes, o lugar social de quem narra a história, entre outros. Na história do povo de Israel e do povo brasileiro, essas dificuldades estão presentes e muitas são insolúveis. Há diferenças: o nome dos povos que integraram cada formação, os lugares onde as histórias aconteceram, a língua falada e escrita, as tradições culturais e religiosas que os acompanharam. Porém, a experiência de luta por condições de vida digna e feliz é a mesma.

Há diferenças no tempo e nas condições em que essas experiências foram vividas. A história do povo brasileiro, a partir da ocupação portuguesa, está mais próxima, é mais recente. Enquanto a nossa história acontecia, Pero Vaz de Caminha, o escrivão da frota de Pedro Álvares Cabral, registrou-a já no início da chegada dos portugueses (cf. início da carta na página seguinte).

Mas muito antes de os portugueses pisarem o solo brasileiro (1500 E.C.) aqui já viviam os índios. Eles não escreveram sua história em papel, mas deixaram de outras formas as marcas de seu passado: pinturas nas cavernas, objetos de arte, utensílios domésticos, rituais etc. Eles também contavam para seus filhos a história de seu povo.

Reprodução de trecho da carta de Pero Vaz de Caminha a dom Manuel comunicando a descoberta do Brasil*

Senhor, posto que o Capitão dessa vossa frota, e assim (mesmo) os outros capitães escrevam a Vossa Alteza a notícia do achamento desta Vossa terra nova, que se agora nesta navegação achou, não deixarei de também dar nisso minha conta a Vossa Alteza, assim como eu melhor puder, ainda que – para o bem contar e falar – o saiba pior que todos fazer!

Todavia tome Vossa Alteza minha ignorância por boa vontade, a qual bem certo creia que, para aformosentar nem afear, aqui não há de pôr mais do que aquilo que vi e me pareceu.

Da marinhagem e das singraduras do caminho não darei aqui conta a Vossa Alteza – porque o não saberei fazer – e os pilotos devem ter este cuidado.

E portanto, Senhor, do que hei de falar começo:

E digo que:

A partida de Belém foi – como Vossa Alteza sabe – Segunda-feira, 9 de março. E Sábado, 14 do dito mês, entre as 8 e as 9 horas, nos achamos entre as Canárias, mais perto da Grande Canária. E ali andamos todo aquele dia em calma a vista delas, obra de três ou quatro léguas. E Domingo, 22 do dito mês, às dez horas mais ou menos, houvemos vista das Ilhas de Cabo Verde, a saber na ilha de São Nicolau, segundo o dito de Pero Escolar, piloto.

Na noite seguinte à Segunda-feira (quando) amanheceu, se perdeu da frota Vasco de Ataíde com a sua nau, sem haver tempo forte ou contrário para (isso) poder ser!

Fez o Capitão suas diligências para o achar, em umas e outras partes. Mas... não aparece mais!

E assim seguimos nosso caminho, por este mar longo, até que Terça-feira, das Oitavas da Páscoa. Que foram 21 dias de abril, topamos alguns sinais de terra, estando distantes da dita ilha – segundo os pilotos diziam, obra de 660 ou 670 léguas – os quais (sinais) eram muita quantidade de ervas compridas, a que os mareantes chamavam

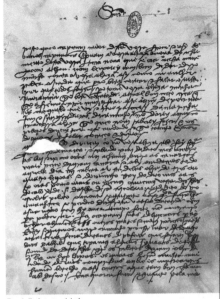

Fac-símile do texto original

de botelho e assim mesmo outras a que dão o nome de rabo-de-asno. E Quarta-feira seguinte, pela manhã, topamos aves, a que chamamos de farabuchos.

Neste mesmo dia, a dez horas de véspera, houvemos visto de terra! A saber, primeiramente de um grande monte, muito alto e redondo; e de outras serras mais baixas ao sul dele; e de terra chã, com grandes arvoredos; ao qual monte alto o Capitão pôs o nome de O Monte Pascoal e à terra A Terra de Vera Cruz!

Mandou lançar o prumo. Acharam 25 braças. E ao sol posto umas seis léguas de terra, lançamos âncoras, em dezenove braças – ancoragem limpa. Ali ficamo-nos toda aquela noite. E Quinta-feira, pela manhã, fizemos vela e seguimos em direitura à terra indo os navios pequenos diante – por dezessete, dezesseis, quinze, catorze, doze, nove braças – até meia légua da terra, por onde todos lançamos âncoras, em frente da boca de um rio. E chegaríamos a esta ancoragem às dez horas, pouco mais ou menos.[...]

*Texto adaptado pelo prof. Tito Lívio Ferreira (em "Roteiro do Descobrimento", *calendário Philips*, 1981).

A história do povo da Bíblia teve início mais ou menos 3.500 anos atrás. Pouquíssimas pessoas sabiam ler e escrever naquela época. O material usado para escrever era muito raro. Hoje a maioria das pessoas sabe ler e escrever, e tem fácil acesso a papel, lápis, caneta, máquina de escrever e computador. Naquele tempo não era assim. O papiro e, mais tarde, o pergaminho eram usados apenas por uma elite. A língua hebraica não estava formada. Foi-se formando pouco a pouco. Como conhecer a história do povo da Bíblia se ela foi vivida há tanto tempo, com inúmeras dificuldades e pouca coisa documentada? Há quem pergunte: Abraão, Isaac e Jacó existiram mesmo? Como ter certeza disso? Esses patriarcas da Bíblia são acolhidos e venerados por judeus, cristãos e muçulmanos. Eles estão na origem da fé histórica do povo de Israel. O que sabemos a respeito deles só nos veio por meio da Bíblia. Não temos outros documentos da época que possamos confrontar com a Bíblia. É uma história complexa.

Relembrar nossas raízes históricas pode nos ajudar a compreender melhor a história do povo de Israel, tendo em vista também que a história do povo brasileiro não é muito diferente da de outros povos latino-americanos e do Caribe.[2]

As nações latino-americanas formaram-se do encontro de vários povos

A história do Brasil tem semelhanças com a história dos demais países da América Latina (cf. mapa n. 11). Tanto o Brasil como esses países foram colonizados pelos povos ibéricos, ou seja, de Portugal e da Espanha.[3] Ambos falam línguas derivadas do latim, a língua dos antigos romanos, e são chamados de latino-americanos. Muitos historiadores, hoje, aceitam a teoria de que o continente americano já esteve ligado ao continente asiático por uma faixa de terra entre o Alasca e a Rússia, por meio da qual, cerca de 30 a 12 mil anos a.E.C.,[4] grupos asiáticos teriam emigrado para o continente americano. Essa faixa se apresenta hoje invadida

---

[2] AZEVEDO, G. G. & SANTOS, F. M. *Panorama do Brasil 2*: a organização do espaço brasileiro, a diversidade regional. São Paulo, Atual, 1994. p. 3.

[3] Outros povos deixaram sua marca colonizadora na América: os ingleses (Estados Unidos e Guiana), os franceses (Canadá, Guiana Francesa e Haiti) e os holandeses, com passagem até pelo Brasil.

[4] KOSHIBA, L. & PEREIRA FRAYZE, D. M. *O índio e a conquista portuguesa*. São Paulo, Atual, 1994. p. 3.

pelo mar, formando o conhecido estreito de Bering.

Cristóvão Colombo, em 1492, e Pedro Álvares Cabral, em 1500 E.C., ao chegarem respectivamente ao Caribe e à América do Sul, encontraram muitas nações indígenas, com traços físicos e culturais muito parecidos com os dos povos asiáticos. Seu interesse pela América era econômico e religioso. No plano econômico, visavam obter produtos tropicais e minerais por meio do trabalho escravo, para fornecê-los ao mercado europeu; no plano religioso, havia a preocupação com a cristianização dos povos das Américas.[5] Portugueses e espanhóis, ao se estabelecerem no continente americano, encontraram os índios e depois trouxeram os negros da África. Esses três povos — índios nativos, brancos europeus e negros africanos — foram integrantes ativos na formação de nosso povo afro--latino-americano.

A formação do povo brasileiro

Para compreender melhor como se formou o povo de Israel, vamos recordar como se formou o povo brasileiro. Em sua origem, estão centenas de etnias ameríndias, europeias, africanas e, posteriormente, asiáticas.[6]

Povos indígenas, os primeiros filhos da terra

Há muitas divergências sobre a data da chegada dos primeiros habitantes ao continente americano. Sabe-se que o índio já ocupava esta terra muito antes do ano 900 a.E.C.,

---

[5] Idem, ibidem, pp. 26 e 34.
[6] MAIA-FREIRE. *Brasil, laboratório racial*. Petrópolis, Vozes, 1973. pp. 20-23.

quando surgiu o primeiro escrito na língua hebraica (descoberto em 1928, conforme vimos no volume 1 desta série). O Brasil, sem ter esse nome, já era povoado por muitos povos indígenas. Cada qual possuía sua cultura, costumes, língua e organização social. Havia igualdade entre os membros da tribo. Não havia divisão em classes sociais, nem mesmo entre vida religiosa, social, política e econômica. Às vezes, porém, esses diversos povos indígenas entravam em guerra entre si, normalmente por questões de áreas de domínio de cada uma.

Nas festas, as tribos celebravam a vida da comunidade. Havia ritos celebrativos do nascimento das crianças, da passagem para a vida adulta, do casamento e da morte. Havia também ritos especiais para plantio, colheita, caça e pesca. A espiritualidade de todas as tribos era e ainda é fortemente ligada à terra. Os índios sentem-se filhos da mãe-terra. A terra é a base de toda a sua cultura. É o referencial de sua existência, raiz de sua organização familiar e comunitária e fonte da relação com o Transcendente. Há uma ligação mística com a terra; ela os possui; dir-se-ia mais: eles são a terra, sonham e esperam a Terra sem males.

Os brancos trouxeram a cruz e a espada

O segundo grupo que integrou a formação do povo brasileiro foi o branco, o europeu de Portugal, que tinha uma cultura muito diversa da indígena. O governo era centralizado no poder do rei. Sob sua responsabilidade chegavam os bandeirantes para colonizar a nova terra, adotando uma política de "sujeição e vassalagem". Os índios deveriam submeter-se e servir aos interesses de Portugal de três formas: como mão de obra, como produtores de mantimentos e como soldados para lutar contra as tribos hostis.[7]

A colônia do Brasil representava uma verdadeira empresa lucrativa para Portugal e posteriormente para outros países da Europa.[8] Os índios não respondiam às exigências dos colonizadores: produziam o necessário para sua sobrevivência, não conheciam o comércio, não se submetiam ao trabalho escravo e levavam uma vida muito livre. Os portugueses encontraram uma

---

[7] Cf. Koshiba e Pereira, op. cit., p. 45.
[8] Cf. Idem, ibidem, p. 29.

outra forma de suprir a mão de obra necessária para a colônia. Eles comercializavam à força a mão de obra escrava da África, sobretudo de Angola e Moçambique.

Os povos negros sobreviveram, unidos na fé em um Deus criador

Os negros chegaram ao Brasil para trabalhar principalmente nos engenhos de açúcar. Eram capturados de forma violenta na África, pelos brancos, que promoviam guerras entre as tribos, trocando os vencidos por fumo e aguardente, para trazê-los à força para o Brasil. Essas tribos pertenciam sobretudo a dois grupos culturais: os bantos, capturados na Guiné, no Congo e em Angola, e os sudaneses, da África oriental, do Sudão, do norte da Guiné e de Moçambique.

A presença escrava era tão intensa que caracterizou o tipo de sociedade brasileira colonial. Esta era predominantemente formada por famílias de grandes proprietários de terras e de escravos. Voltada para o mercado e enriquecimento das elites, era marcada pela relação senhor-escravo, pela exploração e pela violência.

Os cultos africanos presentes no Brasil têm caraterísticas próprias segundo a região de onde vieram, mas apresentam alguns pontos em comum:[9] a fé num único Deus criador de tudo, Olorum, que é servido por seus mediadores, os orixás,

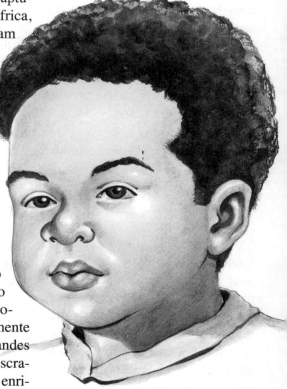

---
[9] CORDERO, F. Brasil/África. *Sem Fronteiras*, n. 163, Rio de Janeiro, Ave Maria, 1988. pp. 35-36.

vodus, anjos bons e santos. Os adeptos das religiões africanas acreditam na existência de dois mundos: o visível e o invisível. O visível é o que conhecemos, e no mundo invisível moram os orixás e os mortos. Eles não têm uma concepção da pessoa como indivíduo, mas somente como membro da comunidade. O povo negro, ao longo da história, criou seu espaço de liberdade e resistência, por meio de organizações, práticas religiosas, ritos, inúmeras devoções, confrarias e irmandades.

Povo brasileiro: história tecida entre a dor e a resistência

Índios, brancos e negros, de origens, etnias, tradições culturais e religiosas diversas, formaram o povo brasileiro. São riquezas que se somaram e hoje continuam somando-se com outros povos sobre o mesmo solo. Outros europeus (alemães, italianos, polacos...) e também asiáticos (japoneses, chineses, coreanos...) vieram enriquecer a cultura e a raça brasileira. Há muito em comum com a história do povo de Israel. Índios e negros integrantes do povo brasileiro foram marginalizados e escravizados como os grupos que formaram o povo da Bíblia. Também eles viviam a mesma condição social de exclusão. Interesses comuns fizeram com que se unissem na mesma luta.

A preocupação com as origens

O povo da Bíblia não tinha os meios que nós temos hoje para registrar sua história. Ele não tinha papel, lápis, caneta e muito menos gravador, máquina fotográfica, filmadora, internet. As pessoas tinham memória, gostavam de contar histórias. No início, o jeito de eles contarem suas histórias era por meio dos contos que passavam dos pais para os filhos, de geração em geração. Quando apareceu a escrita do hebraico e aramaico, esses contos foram sendo registrados pouco a pouco, até formarem a Bíblia que conhecemos hoje.

Quando será que o povo da Bíblia começou a se perguntar: quem são nossos antepassados? Qual é nossa origem? De que povo nós nascemos? Essas perguntas não surgiram desde o início, mas muito mais tarde. Surgiram sobretudo quando o povo não tinha mais reis nem templo e grande parte estava fora de sua terra. Viviam como exilados na Babilônia. Isso aconteceu há mais de 2.500 anos. Naquele tempo um grupo de estudiosos, a maioria sacerdotes, teve a preocupação de escrever e explicar as origens de seu povo.

Um olhar para trás

Todo povo tem sua história, por mais difícil que seja reconstituí--la. Muitos autores da Bíblia, em épocas diferentes, tentaram recompor a história do povo de Israel e dar uma resposta às perguntas sobre suas origens. O grupo dos sacerdotes, no exílio da Babilônia, tentou responder a essas perguntas na forma de uma história familiar, por meio das listas de genealogias que se encontram no livro de Gênesis. Eles atribuíram a origem da humanidade a um único casal (Gn 1,1-2,4a), comum a todos os clãs, tribos ou povos, após o dilúvio.

Segundo o grupo sacerdotal, toda a humanidade, as aves, os animais domésticos e tudo o que fervilha sobre a terra (Gn 7,21) teria morrido no dilúvio, exceto Noé, seus três filhos — Cam, Jafé e Sem —, suas noras, e os animais que entraram na arca (Gn 9,1; 10,1-32). Foi como se, neles, Deus tivesse renovado seu ato criador. Noé e seus filhos deram origem à nova humanidade que povoou a terra (Gn 9,1). Lendo com maior atenção os textos, percebemos que os descendentes de Jafé (Gn 10,2-5) levam o nome dos povos que habitavam parte da Ásia Menor e as ilhas do Mediterrâneo. Os descendentes de Cam (Gn 10,6-20) ocupavam os países do sul: o Egito, a Etiópia, a Arábia e Canaã. Os descendentes de Sem foram os elamitas, assírios, arameus que ocupavam a maior parte da Ásia (Gn 10,22-31). Concluímos, então, que essa não é a história de uma família, na qual se sucederam gerações, mas sim de um agrupamento de povos com diferentes origens, situados em regiões geográficas diversas (cf. mapa n. 12).

Segundo a genealogia de Gênesis, os israelitas são descendentes de Sem (Gn 11,10-32). Abraão faz parte dessa descendência e é considerado o pai, o patriarca do povo da Bíblia.[10] A partir dele, com ele e por meio de sua descendência, originou-se a diversidade dos povos cujos nomes eram atribuídos a seus descendentes. Por exemplo, um dos filhos de Abraão com Cetura chamou-se Madiã (Gn 25,1-2), que deu origem aos madianitas, nome

---

[10] Cf. descendência de Abraão, segundo a Bíblia: com a serva Agar (Gn 16,15), com a esposa Sara (Gn 21,1-2), com Cetura (Gn 25,1-4). A descendência de seus filhos: Ismael (Gn 25,12-16), Isaac (Gn 25,19-26), Madiã e mais cinco (Gn 25,2-4). A descendência de seus netos: Esaú (Gn 36,10-14) e Jacó (Gn 29,31–30,24; 35,16-18).

DISTRIBUIÇÃO DOS POVOS NA TERRA
Segundo o livro de Gênesis

Áreas de maior concentração dos:
- Jafetitas: cf. Gn. 10,2-5
- Camitas: cf. Gn. 10,6-20
- Semitas: cf. Gn. 10,21-32

FONTES:
PAUWELS, G. J. *Atlas geográfico Melhoramentos.* São Paulo, Melhoramentos, 1997.
LOPES, J. M. *Atlas bíblico geográfico histórico.* Lisboa, Difusora Bíblica, 1984.

CARTOGRAFIA:
José Flávio Morais Castro, 2001.
Visão global 3
O povo da Bíblia narra suas origens
Serviço de Animação Bíblica - SAB

© Pia Sociedade Filhas de São Paulo, 2001

de uma população que vivia perto do golfo de Ácaba, conhecida como Madiã. E assim os demais filhos e descendentes deram origem a outros povos da região. Quando a lista dos povos se tornava complexa e longa demais, o autor bíblico atribuía ao mesmo patriarca, ou a membros de sua família, diversas mulheres, cujos filhos deram origem a esses povos (Gn 22,20-24; 25,1-4). Qual era a preocupação que estava na origem dessas narrativas? O autor bíblico, ao atribuir nomes dos povos à descendência de Abraão, quis, a partir de um tronco comum, afirmar a unidade desses diversos povos dispersos. Quis ainda garantir, nessa unidade, a primazia dos israelitas, como povo eleito por Deus. De Sem, filho de Noé, tiveram origem Abraão, Isaac, Jacó (Israel) e todos os seus descendentes que deram origem ao povo hebreu, israelita ou judeu: três nomes diferentes para falar do mesmo povo; em momentos diferentes de sua história, recebe de preferência um desses nomes.[11]

Qual teria sido a verdade dos fatos?

É muito difícil responder a essa pergunta. Um grande número de estudiosos, hoje, observa que o tempo que abrange as narrativas patriarcais é muito longo: cerca de 600 anos, de 1800 a 1200 a.E.C. Também a extensão geográfica que os descendentes dos patriarcas teriam ocupado é muito grande, ou seja, quase toda a Ásia. Por isso esses estudiosos acham impossível tratar-se de uma genealogia ou história familiar. Eles afirmam que o sistema genealógico é limitado para explicar determinados movimentos e mudanças históricas de povos. Muitos acreditam que a formação desses diversos grupos teve origem no conflito interno entre as tribos arameias que as teriam obrigado a se dispersar por toda a Ásia. A Bíblia justifica a dispersão dos grupos (Gn 10,32) como forma de concretização da bênção que Deus deu a Noé e a seus filhos (Gn 9,1).

Nas genealogias, o número de filhos de um casal é geralmente 6 ou 12. A apresentação dos grupos em seis ou 12 pode indicar a fase final de sua formação. Assim, os "12 filhos de Jacó" (Gn 35,22-26) não viviam juntos desde o início, mas por caminhos diferentes encontraram uma forma de resistência comum, formando "uma família".

---
[11] "Hebreu" em contexto de escravidão; "israelita", no tempo da formação do povo; "judeu", do pós-exílio em diante.

Abraão, Isaac e Jacó não eram mesmo parentes?

Os laços da fé são mais fortes que os laços de sangue. Foram esses laços que uniram as histórias de Abraão, Isaac e Jacó. A relação de parentesco entre eles pode ser apenas artificial. A importância dada a esses patriarcas reside em sua relação excepcional com a divindade, ligada aos lugares sagrados. O nome de Abraão está ligado ao santuário de Siquém (Gn 12,6-7), na serra de Efraim (tribos de Efraim e Manassés), ao santuário de Betel (Gn 12,8), também na serra de Efraim (tribo de Benjamim), e ao santuário de Mambré, junto de Bersabeia (Gn 13,14-18), na serra de Judá (tribo de Judá). A tradição sobre Isaac está ligada ao santuário de Bersabeia (Gn 26, 23-25), ao sul da serra de Judá (tribo de Simeão), e a tradição sobre Jacó, ao santuário de Betel (Gn 28,10-22), na serra de Efraim (tribo de Benjamim). Em cada um desses lugares Deus aparece ao respectivo patriarca, assumindo uma relação de posse, indicada com a preposição *de* — o Deus *de* Abraão, o Deus *de* Isaac e o Deus *de* Jacó —, e nesses mesmos lugares cada patriarca erige um altar que posteriormente se transformará em um santuário.

Tudo indica que as tradições sobre os patriarcas não nos permitem fazer uma exposição histórica sobre eles na forma de biografia. Sua função em Gênesis é a de precursores e pais do futuro povo de Israel.

O credo histórico de Israel

O credo histórico de Israel, em Deuteronômio (Dt 26,5b-9), refere-se à complexidade da formação desse povo. Nele se declara a origem aramaica dos patriarcas e se insinua o problema do seminomadismo ao identificá-los com "um arameu errante" (Dt 26,5b) nas estepes. As perguntas que nascem, então, são: por que os grupos de Gênesis, genealogicamente independentes, têm sido colocados numa relação de dependência de um patriarca chefe? Quem foram os patriarcas?

Os três patriarcas — Abraão, Isaac e Jacó — dificilmente teriam sido apenas invenções literárias e, por outro lado, é impossível considerá-los numa relação de parentesco como a Bíblia os apresenta. Qual é, então, a saída mais de acordo com os fatos? Para muitos estudiosos, a importância desses patriarcas está no papel que exerceram conforme os relatos que falam de sua relação excepcional com Deus, ligados aos lugares sagrados de Canaã.

Os patriarcas, segundo as narrativas bíblicas, levavam uma vida seminômade, dentro de uma área mais ou menos limitada. Não eram proprietários de terra, viviam nas estepes e no deserto. Abraão vivia em Hebron e Mambré. Isaac parece encontrar-se nos desertos do Sul (Bersabeia). Jacó viveu na Mesopotâmia superior, depois na Transjordânia, junto ao Jaboc, e em Betel, no centro de Canaã. Em cada um desses lugares Deus aparece ao respectivo patriarca.

Os relatos mais importantes giram em torno dos lugares onde se encontravam os santuários. Por exemplo, as tradições de Siquém influíram nas narrativas bíblicas sobre Abraão (Gn 12,6-7); as de Betel, sobre Abraão e Jacó (Gn 12,8; 28,10-22); as de Bersabeia, sobre Isaac (Gn 26,23-25). Essas narrativas querem mostrar uma fixação gradual das diversas tribos em Canaã. As planícies já eram povoadas; a solução foi ocupar os espaços vazios, nas estepes e nas montanhas.

Encontramos nos textos, com frequência, a formulação: "o Deus dos pais" ou "o Deus de Abraão, o Deus de Isaac, o Deus de Jacó". Com essas expressões, o autor quer incutir a fé na divindade e evidenciar a historicidade da personalidade. A sedentarização dos patriarcas e de seus descendentes é legitimada pela divindade do país e de suas instituições ligadas ao culto. O "Deus de..." foi identificado posteriormente com o "Senhor" ("Adonai", designado por YaHWeH).

Como já dissemos, as tradições sobre os patriarcas não nos permitem fazer uma exposição histórica sobre eles na forma de biografia. Sua função no Gênesis responde ao papel de grandes precursores, de "primeiros pais" do futuro povo, aos quais foi vinculado muito posteriormente o culto ao Senhor. Mas não foi assim desde o início.

Nas narrativas dos patriarcas, são bem características as "promessas" de Deus, e os textos que a elas se referem foram se configurando gradualmente. No início, foi feita a Abraão a promessa de um grande povo, da bênção de Deus e de um grande nome (Gn 12,2); a seguir vem a promessa da terra à posteridade de Abraão (Gn 12,7; 13,14-17; 15,18), cuja delimitação territorial só é atingida no tempo de Davi. A promessa de uma terra "onde corre leite e mel" só vai aparecer com Moisés (Ex 3,8). Não fica claro se os patriarcas viviam e atuavam já tendo em vista uma comunidade de caráter religioso e nacional.

Do ponto de vista histórico, as tradições patriarcais não nos permitem descobrir senão estágios iniciais de uma ocupação da terra, de numerosos problemas por parte de grupos aramaicos isolados e desconhecidos. Não deixa de ser significativo o fato de que o nome Israel tenha sido vinculado à época dos patriarcas por meio de Jacó, que recebe esse nome na luta com Deus perto do rio Jaboc (Gn 32,23-33). E Jacó, segundo a tradição bíblica, é o pai de 12 filhos, que deram nome às 12 tribos de Israel. A única informação extrabíblica que temos sobre Israel, nesse período, é a da estela de Merneptá (1224 a.E.C.).[12]

O povo de Israel revive a história a partir da experiência de Deus

O povo de Israel conta sua história por intermédio de seu credo histórico, que era uma espécie de oração, repetida de geração em geração, nas principais festas e assembleias religiosas (Js 24,2-13). A história é recordada nos hinos (Sl 105; 106; 135; 136), que são cantados e rezados. O contexto é de louvor a Deus por sua presença e ação no meio do povo. São momentos importantes nos quais se revela a relação histórica do povo de Israel com Deus. Cada israelita, em diferentes épocas e situações, assumiu essa experiência como se fosse sua e se identificou com ela.

O modo como os israelitas contam sua história é diferente do modo como nós contamos a nossa. Eles não separam fé e vida. Na vida proclamam a fé e na fé celebram os acontecimentos da vida. Essa experiência é que dá sentido à história. Quando alguém nos conta um fato, nasce em nós o desejo de perguntar: é verdade? Aconteceu mesmo? Para nós, tem valor o fato que aconteceu. Mais ainda, para provar a autenticidade da palavra, fato ou juramento, é preciso registrá-lo em cartório com nome, sobrenome, local, data e detalhes. Nós, com certa frequência, separamos fé e vida, passado e presente. Eles não. Falar da fé era falar da vida, do passado e do presente. Não era possível falar do passado sem incluir o presente

---

[12] Monumento em pedra em que o faraó mandou gravar, entre outras, a vitória sobre Israel.

e vice-versa. Para eles, não havia dificuldade em falar de instituições, costumes e práticas religiosas do presente e projetá-los para trás, no passado. Isso acontecia com frequência.

Em Êxodo, lemos sobre a escravidão e a libertação, e temos a impressão de que todos os grupos fizeram a mesma experiência. Mas não foi assim. Ela foi vivida por um pequeno grupo, o de Moisés. Contudo, a experiência desse grupo se tornou fundamento e confissão de fé como se tivesse sido vivida por todos os outros grupos. Foi assumida pelos pastores seminômades,[13] pelos beduínos de Seir e pelos agricultores, que se revoltavam com a opressão. A dificuldade é determinar o momento exato em que os israelitas se constituíram como um povo, uma nação.

História de Israel: um novo olhar sobre os fatos

A história de Israel é como a de qualquer outro povo. O que muda é a maneira de olhar, interpretar e narrar os acontecimentos. É o que chamamos de "releitura". Ao narrar um fato longínquo do passado, Israel o reveste de um significado.

Assim a narração de um fato que vem responder a uma necessidade litúrgica e catequética se torna mais importante do que o fato em si, porque o valor está na celebração e na catequese, e não no fato em si.

Para entrarmos nessa ótica de leitura da Bíblia, é preciso fazer uma distinção entre o que é "exato" e o que é "verdadeiro". Exato é tudo o que podemos ver, tocar, provar concretamente por meio de fotografias, do microscópio e de outras formas. Ao passo que verdadeiro é tudo aquilo que traz vida, dinamismo e gera o novo na vida das pessoas e da sociedade, mesmo não havendo provas concretas. Essa reflexão nos permite fazer a pergunta: "é exato" o modo como a Bíblia narra, por exemplo, a criação do mundo em sete dias, do homem e da mulher? Não. Não é exato porque a Bíblia não é um livro científico. Mas é verdadeiro o que a Bíblia afirma sobre a criação do mundo, do homem e da mulher, porque narra como o povo de Israel viu e viveu, mediante seus antepassados, a sua relação inicial com Deus. Narra a experiência que esse povo viveu e desse modo testemunhou o teor de compreensão de sua veracidade.[14]

---

[13] METZGER, M. *História de Israel*. São Leopoldo, Sinodal, 1989. pp. 19-22.
[14] Cf. CHARPENTIER, E. *Pour lire l'Ancient Testament*. Paris, Cerf, 1980. p. 9.

Roteiro para o estudo do tema

1. Oração
Conforme a criatividade do grupo.

2. Mutirão da memória
Compor a síntese do conteúdo já lido por todos no subsídio. Caso as pessoas não tenham o subsídio, ficará a cargo do(a) líder expor a síntese.

Recursos visuais
- Transparência do mapa "América Latina e Caribe", com os nomes dos países.
- Cartolina com o nome dos grupos de Israel.
- No centro do grupo, colocar objetos que lembrem as várias culturas do Brasil: indígenas, negros, imigrantes...

3. Partilha afetiva
Em grupos ou no plenário, discutir:
- Em nosso estado, em nossa região, quais os grupos que mais influenciaram na formação da população?
- Quais os traços de descendência que ainda existem nas pessoas, na cultura, no folclore, na culinária?
- Qual é a origem de minha família, de meus pais, avós?

4. Sintonia com a Bíblia
Ler Dt 6,20-25.

Na memória do povo, por meio da tradição familiar transmitida de pai para filho, evoca-se a fidelidade a Deus a partir de sua ação em favor de seu povo.

Diálogo de síntese
Em que sinais podemos ver a ação de Deus conduzindo o povo brasileiro?

Lembrete: para a próxima reunião, trazer revistas (não será preciso recortar).

2º tema
Na experiência da fraqueza, o povo vê a força de Deus

Vamos conhecer a história de Israel na complexidade de sua formação como povo e o contexto histórico de Canaã, onde ela teve início e se desenvolveu.

Diferentes pontos de partida para contar a mesma história

A história de um povo ou de uma pessoa pode ser contada de diferentes pontos de partida e de diferentes pontos de vista. Uns começam a contar a história a partir do início; outros, do meio; e outros, do fim. Há também diferentes enfoques dependendo de quem conta a história. Por exemplo, se a história do Brasil fosse contada pelos índios e negros, seria a mesma história que estudamos na literatura oficial? Pode ter acontecido o mesmo na história do povo de Israel.

Alguns começam a contar a história do povo de Israel a partir da formação deste; outros, da liga das tribos no tempo dos juízes; outros, ainda, da monarquia unida; há também os que contam a história a partir do período do exílio.[1]

São períodos históricos, contextos e situações diferentes, mas com o mesmo objetivo: narrar a história do povo de Israel. Vamos começar com o período das tradições orais, no qual surgiram diferentes grupos que mais tarde integraram a história do povo. Contar e recontar a história era o jeito de o povo manter viva a memória do passado.

Três formas diferentes de contar as origens do povo de Israel[2]

Há diversos estudos sobre a formação do povo de Israel. Três são as possibilidades mais aceitas. Israel se formou como povo: 1) no Egito, fora de Canaã; 2) em Canaã, com os grupos que vieram de fora; 3) em Canaã, com os camponeses oprimidos, que lá viviam, e os grupos que vieram de fora.

---

[1] Soggin, A. *Storia d'Israele*. Brescia, Paideia, 1984. pp. 62-64. Soggin prefere contar a história de Israel a partir da monarquia unida, com Davi e Salomão, por ser o momento em que Israel se coloca o problema de sua identidade nacional. Sem dúvida é um momento importante por ser o período em que a escrita tomou um novo impulso com os anais dos reis. As fontes para os diversos pontos de partida na narrativa da história de Israel são as mesmas: arqueologia e textos bíblicos e extrabíblicos. A história não se altera, qualquer que seja o ponto de partida.

[2] Schwantes, M. *A história de Israel, local e origens*. São Leopoldo, 1984. Mimeogr.; Soggin, op. cit., pp. 149-177; Gottwald, N. K. *As tribos de Yahweh*: uma sociologia da religião de Israel liberto – 1250-1050 a.C. São Paulo, Paulus, 1986.

1. Israel se formou como povo no Egito

A Bíblia apresenta a formação do povo de Israel fora de Canaã: no Egito, onde ele teria se formado como o "povo dos filhos de Israel" (Ex 1,9). Essa é a ideia que a Bíblia apresenta. Eram poucas as pessoas que tinham ido para o Egito: apenas a família de Jacó. Havia de 66 a 75 pessoas ao todo (Gn 46,26-27; At 7,14). Segundo a Bíblia, todo Israel teve sua origem no Egito e de lá saiu uma grande multidão (Ex 12,37) rumo à terra de Canaã. O próprio povo afirma sobre sua origem: "Meu pai era um arameu errante: ele desceu ao Egito e ali residiu com poucas pessoas; depois tornou-se uma nação grande, forte e numerosa" (Dt 26,5s).

No Egito, os israelitas eram escravos, imigrantes, dependentes do governo egípcio. Nessas condições, é difícil admitir que se tenham tornado uma nação grande, forte e numerosa segundo afirma o texto bíblico. Para isso, era necessária uma organização centralizada e estatal, o que não havia. O tipo de vida que levavam, segundo os textos de Gênesis (Gn 45,17-18) e Êxodo (Ex 1,1-22), talvez favorecesse uma forma de vida tribal ou de um clã, mas não de um povo ou de uma nação. Sem dúvida, o texto de Ex 1,11 oferece informações históricas importantes sobre os nomes de pessoas e de lugares, sobre as condições de vida dos israelitas no Egito.

Não podemos esquecer que Israel conta a experiência no Egito a partir de sua experiência com Deus. Não é ele sozinho que conquista a liberdade. É Deus com Israel, seu povo (Ex 3,7-8). Os textos bíblicos que narram a grandeza de um povo que se tornou uma nação forte, fora de Canaã, têm a preocupação de mostrar a grandiosidade da ação de Deus no meio do povo.

O povo da Bíblia não estava preocupado em provar os fatos. O que realmente aconteceu e como ocorreu não entra em discussão. A Bíblia não tem como preocupação principal narrar a história. Ela fala da experiência que o povo fez com Deus, como povo escolhido. Ao falar dessa experiência, pode apontar alguns elementos históricos, como nomes de pessoas e de lugares, datas e acontecimentos, mas o importante mesmo, para nós, é acolher a experiência que o povo fez e registrou desse modo, há mais de 2 mil anos. Foi assim que o povo releu sua história. E essa leitura é inquestionável e verdadeira. A convicção de Israel é o produto final de um longo processo de elaboração pelo qual passaram essas tradições de grande complexidade, as quais se fundiram numa única na forma de uma genealogia.

Se observamos atentamente as narrativas de José, filho de Jacó, também nelas aparece o sistema genealógico e o marco histórico familiar para as tribos do sul de Canaã. José é vendido pelos irmãos aos madianitas e ismaelitas, grupos do sul, que o levaram para o Egito. Lá consegue chegar ao cargo de administrador do palácio e do povo (Gn 41,40) e depois de um tempo faz ir para o Egito o pai e os irmãos (Gn 45,16–46,7). Historicamente a origem de Israel como povo no Egito não corresponde aos fatos. Ele deve ter integrado grupos vindos do Egito e transformado essa experiência numa profissão de fé.

2. Israel se formou como povo em Canaã, com os grupos que vieram de fora

A segunda opinião afirma que Israel se formou em Canaã, por diversos grupos que emigraram lentamente de outros países e foram ocupando de forma pacífica e progressiva o território. Eram grupos formados por pastores seminômades, que depois se fixaram na terra e se tornaram agricultores. Essa ideia não é muito aceita por um grande número de estudiosos. Eles não acreditam que todos os seminômades, normalmente pastores que viviam nas estepes, se tivessem tornado agricultores, fixados na terra, em volta das cidades.

3. Israel se formou como povo em Canaã, pelos camponeses oprimidos que nela viviam e os grupos oriundos de outros países

A terceira opinião admite a possibilidade de grupos provenientes de fora de Canaã, os quais se estabeleceram nesta e mais tarde se juntaram ao grupo dos camponeses cananeus que viviam uma situação de opressão nas aldeias das cidades-estados. Essa ideia parece ser mais conciliadora entre os dados bíblicos e as várias pesquisas atuais relacionadas com a arqueologia e com outras ciências.

Entre os grupos que vieram de fora e se estabeleceram em Canaã, encontram-se:

- Os descendentes dos patriarcas Abraão, Isaac e Jacó. Eram pastores, seminômades semitas-arameus que migraram e viviam nas estepes, entre as montanhas e o deserto, ou entre os territórios das cidades-estados, contudo sempre fora do alcance de seu poder opressor. Esse grupo é designado como abraâmico.

- O grupo dos fugitivos do Egito, designado como mosaico, porque foi liderado por Moisés, na experiência da escravidão, do êxodo e da libertação. Eles se estabeleceram nas regiões montanhosas de Canaã, por volta de 1250 a.E.C., ao abrigo dos carros de guerra dos senhores das cidades-estados.

- O grupo do Sinai, designado como sinaítico, formado por beduínos, pertencia às tribos nômades do Oriente que viviam no deserto, ao sul do mar Morto. Eles vieram das montanhas de Seir, na região de Edom, e se estabeleceram também nas estepes e nas regiões montanhosas de Canaã (Dt 2,1-29).

- Os camponeses nativos de Canaã, explorados e oprimidos ao redor das cidades-estados, inconformados e revoltados, retiraram-se para as regiões mais isoladas das estepes e montanhas, unindo-se aos outros três grupos: abraâmico, mosaico e sinaítico.

À medida que cresciam, se organizavam e conquistavam vida própria, foram descendo pouco a pouco e ocupando as planícies e cidades, até chegar a formar um governo próprio e autônomo, por volta do ano 1030 a.E.C., como veremos mais adiante.

Contexto histórico da região de Canaã na formação do povo de Israel: grandes impérios a dominavam

A região de Canaã era dominada pelos egípcios durante o Médio (2030-1720 a.E.C.) e grande parte do Novo Império Egípcio (1552-1070 a.E.C.). Contudo, o Egito perdeu a hegemonia sobre a região de Canaã para os hurritas e hicsos (1720-1552 a.E.C.), por um período de quase 200 anos. Nesse período, Canaã tornou-se internacionalmente conhecida. Os hicsos fortificaram muitas cidades, construíram outras e implantaram o sistema de cidades-estados cercadas por um muro de proteção, dentro do qual havia as dependências do rei, dos nobres, do exército e dos cavalos de guerra. Pelo lado de fora e ao redor do muro ficavam as aldeias dos camponeses (cf., no volume 2 desta série, mapa da p. 23: "Egito:

Antigo, Médio e Novo Império"). Os faraós conseguiram reinstaurar o poder egípcio na região de Canaã, em 1552 a.E.C., com o início do Novo Império. Mas durou pouco tempo. No reinado do faraó Amenófis IV (1372-1354 a.E.C.), houve novamente um declínio desse poder na região. Uma prova disso se encontra nas cartas enviadas ao faraó egípcio, sediado na cidade de Tell el-Amarna.[3] Eram correspondências enviadas pelos reis das cidades-estados de Canaã. Elas pediam ajuda ao faraó e reclamavam das invasões de bandos armados e das intrigas entre os reis. O declínio do poder egípcio favoreceu o domínio hitita na área. Com muito custo, o Egito conseguiu controlar militarmente a região. Perdeu-a definitivamente em 1200 a.E.C., embora continuasse a exercer sua influência política sobre a região, em períodos posteriores.

O povo tentava resistir ao controle político e à repressão

Os faraós, por meio dos reis das cidades-estados, controlavam a região de Canaã. Dominavam de forma muito violenta por meio dos saques de guerra, da tributação e do controle das rotas comerciais. A população cananeia fazia oposição e resistência a esse domínio.

Havia nas planícies muitas cidades-estados, cujos nomes são conhecidos por meio dos escritos que chegavam ao faraó na cidade de Tell el-Amarna no Egito. Entre elas estão citadas as cidades de Meguido, Hasor, Suném, Jerusalém, Siquém e muitas outras. A própria Bíblia cita o nome de muitas dessas cidades-estados (Jz 1,21.27). Os reis das cidades-estados não tinham o controle das serras, sobretudo das serras da Galileia, de Efraim e de Judá, onde se concentrou grande parte dos israelitas.

Os habitantes de Canaã descendiam de vários povos diferentes

A localização de Canaã favoreceu uma grande diversidade de povos que se fixaram na região. Servia de passagem para as caravanas comerciais e também para os exércitos nas campanhas militares. Ligava três continentes: Europa, Ásia e África. Mesmo assim há uma predominância de povos semitas. Nos escritos bíblicos encontram-se referências a Canaã (Jz 5,19) e aos

---

[3] Capital do Egito no período do faraó Akhenaton (= Amenófis IV).

cananeus (Gn 12,6; 13,7). Com os cananeus dividiam a mesma terra diversos povos: heteus, amorreus, ferezeus, heveus e jebuseus (Ex 3,8). O livro de Números confirma em Canaã os heteus, amorreus e jebuseus e os situa na região das montanhas; os amalecitas, na região do Negueb; os cananeus, na orla marítima e ao longo do rio Jordão (Nm 13,29). Mais tarde por volta do século VII a.E.C. os cananeus ocuparam também as planícies (Js 5,1; 11,3). Após o exílio, o nome "cananeu" passou a designar o fenício, para indicar o "comerciante" (Is 23,8; Ez 16,29; Zc 14,21). De fato, os fenícios eram famosos por causa do comércio da púrpura.[4]

Dentre uma multiplicidade de povos oriundos de regiões diferentes, surgiu o povo de Israel. Nasceu do grupo dos camponeses das cidades--estados, dos pastores descendentes dos patriarcas, dos fugitivos do Egito e dos beduínos de Seir Edom. Segundo Josué e Juízes, as montanhas foram os lugares onde esses grupos se estabeleceram inicialmente (Js 17,15; Jz 1,19).

---
[4] VV.AA. *Israel e Judá*: textos do antigo Oriente Médio. São Paulo, Paulus, 1985. pp. 7-32.

Roteiro para o estudo do tema

1. Oração inicial
Conforme a criatividade do grupo.

2. Mutirão da memória
Compor a síntese do conteúdo já lido por todos no subsídio. Caso as pessoas não tenham o subsídio, ficará a cargo do(a) líder expor a síntese.

Recurso visual
- Mapa "Atual Estado de Israel e Palestina" (p. 31 do volume 2 desta série).

3. Partilha afetiva
Em plenário ou em grupos, procurar, nas revistas, cenas de opressão e de fraqueza que acontecem hoje. Relacionar essas cenas com a vida do povo em Canaã. Mostrar em revistas ou jornais serviços de solidariedade. Por exemplo: escola, casa de família (ação social na própria casa: atendimento a idosos, crianças etc.)

Dialogar
- Eu já vivi situações de opressão e fraqueza?
- Consegui encontrar nelas a presença de Deus?

4. Sintonia com a Bíblia
Ler Ex 1,8-14; Ex 3,7-10.

No máximo da fraqueza e da opressão, o povo descobre a força de Deus.

Diálogo de síntese
Quais os sinais da ação de Deus, hoje, entre os grupos de excluídos, fracos, oprimidos?

Lembrete: para a próxima reunião, trazer objetos que lembrem a fé do povo, especialmente se tiver alguma coisa que pertenceu a seus antepassados.
Preparar uma tenda de pastor, com um pano grande. Vestir crianças de pastorzinhos, para ficarem dentro da tenda.

3º tema
Os fracos e pequenos constroem o povo de Deus

Pastores marginalizados e camponeses oprimidos contribuíram para a formação do povo de Israel.

Grupo dos camponeses oprimidos e revoltados: hapirus que sonhavam com a libertação e procuravam conquistá-la

Os hapirus são de difícil identificação. Ora aparecem como um bando de homens e mulheres que vendem sua liberdade, colocando-se a serviço dos reis das cidades-estados, ora como bandos armados e hostis aos faraós e reis de Canaã. A opinião mais aceita vê neles uma classe social em meio a diversos povos, e não uma etnia. Eram camponeses marginalizados que viviam nas aldeias das cidades-estados de Canaã e não se submetiam ao controle dos reis nem dos faraós egípcios. Eram identificados com bandos armados, que saqueavam os territórios dos reis, contratados ora por um rei, ora por outro para defendê-los das invasões.

Entre as cartas dirigidas ao faraó de Tell el-Amarna, encontra-se uma do rei de Jerusalém, dizendo: "O hapiru rouba a terra do rei". Isso mostra que os hapirus constituíam uma ameaça à tranquilidade dos reis.

Não formavam uma etnia, mas existiam em todas as etnias, nas diversas regiões da Ásia Menor, Canaã, Egito e outros lugares. Pode-se dizer que o hapiru formava a classe social marginalizada de suas sociedades. Do nome "hapiru" parece ter vindo a denominação "hebreu".

As cidades-estados eram fortalezas do poder

As cidades-estados eram independentes entre si, mas dependiam do Egito. Eram governadas por um rei, com seus servos e o conselho dos notáveis, constituído pelos latifundiários e pelos grandes comerciantes. A cidade era cercada por um muro de proteção com uma porta de entrada e saída. Dentro da cidade, a parte onde ficava o palácio do rei, sua comitiva e o templo era protegida por outra fortificação. Na parte mais baixa e ao redor da fortificação do palácio, ficavam as casas dos pequenos comerciantes e artesãos. Toda a área era protegida por militares que dependiam do rei (cf. croqui n. 13). O tamanho era conside-

PLANTA DA CIDADE-ESTADO DE ARAD EM CANAÃ
Aprox. séc. XXX a.E.C.

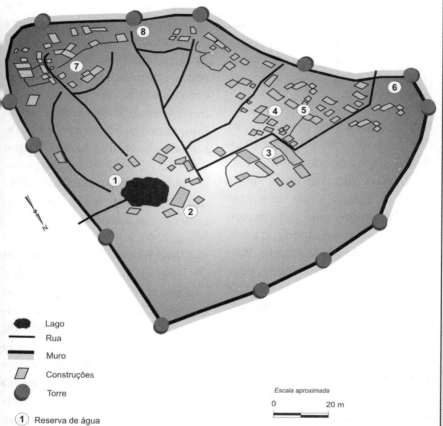

- Lago
- Rua
- Muro
- Construções
- Torre

(1) Reserva de água
(2) Edifício administrativo
(3) Templo
(4) Palácio
(5) Mercado
(6) Porta ocidental
(7) Moradia
(8) Porta Sul

Escala aproximada
0 — 20 m

FONTE: PRITCHARD, J. B. *The times atlas of the Bible*. London, Times Books Limited, 1987, p. 29 (Arad).

CARTOGRAFIA: José Flávio Morais Castro, 2001.

Visão global 3
O povo da Bíblia narra suas origens

Serviço de Animação Bíblica - SAB

© Pia Sociedade Filhas de São Paulo, 2001

ravelmente pequeno, como, por exemplo, Hasor, que tinha 1.100 m de comprimento por 650 m de largura; Meguido tinha 300 m por 250 m; Tanac tinha 100 m por 150 m; Jerusalém, 400 m por 100 m. Ao redor, do lado de fora do muro, ficavam as aldeias, pequenos povoados cujos habitantes dedicavam-se ao cultivo da terra.

Nas aldeias ao redor das cidades-estados, viviam os pobres

As cidades-estados eram muito pequenas, mas em volta delas havia as aldeias onde moravam os camponeses que cultivavam a terra, os quais eram dependentes do rei da cidade-estado. Não eram protegidos por muros nem fortalezas. Sofriam a influência e o domínio das cidades-estados, pagavam tributos ao rei em troca de uma proteção militar e sustentavam o rei e seus funcionários. Para eles mesmos, sobrava muito pouco das colheitas. Viviam como escravos e numa situação miserável.

O empobrecimento crescia nas aldeias, por causa dos saques regulares, das invasões egípcias, dos novos tributos e da organização sistemática da escravidão. A população das aldeias se tornou aos poucos muito empobrecida. O rei exercia também o ofício de sacerdote. O templo no qual ele desempenhava suas funções religiosas era também o lugar onde devia ser pago o tributo. Ele fazia o que queria e nada podia ser mudado, porque assim era organizado pelos deuses aos quais ele servia como intermediário entre eles e o povo. Convinha manter essa ordem porque favorecia os privilégios do rei e da classe dominante. Mesmo assim havia o grupo dos camponeses inconformados com a situação das aldeias. Isso favoreceu o crescimento dos hapirus.

Hapirus e hebreus, os sedentos de libertação

Em Êxodo, os israelitas são também chamados hebreus, descendentes de Héber, antepassado de Abraão (Gn 10,24). Um estudo feito sobre os hapirus e hebreus revelou semelhanças não só no nome, mas sobretudo na condição social. Os hapirus surgiram nas planícies de Canaã, dentre os camponeses cananeus explorados e marginalizados. O nome "hebreus" aparece na Bíblia para falar dos israelitas que viveram uma situação de opressão no Egito (Ex 1,15-16.19; 2,6-7.11.13;

3,18; 5,3; 7,16; 9,1.13; 10,3) e da luta deles contra os filisteus (1Sm 4,6). Os dois grupos tinham direitos limitados, escassos recursos econômicos e não representavam uma etnia.[1]

O que distinguia os hebreus dos hapirus era o fato de eles não terem se tornado mercenários nem constituírem um bando armado, apesar da situação de opressão em que viviam. Alguns textos bíblicos significativos comprovam a situação de escravidão em que se formaram algumas tribos, como a de Issacar (Js 19,17-23), que ocupou a cidade de Sunem e foi submetida à escravidão pelo rei da cidade-estado de Meguido (Gn 30,18; 49,14-15). As tribos de Zabulon, Aser e Dã, segundo Gênesis e Deuteronômio, parecem indicar uma origem ligada aos trabalhadores portuários e remadores de navios cananeus (Gn 49,13; Dt 33,18-19; Jz 5,17). Esses hebreus-hapirus constituíram a base para a nova sociedade. Junto com outros grupos, formaram as tribos de Israel, que vamos ver no próximo estudo. Eles criaram uma nova organização, diferente do império egípcio e das cidades-estados.

Grupo dos pastores ou descendentes dos patriarcas

Entre os patriarcas mais importantes das narrativas bíblicas, encontramos: Noé, Abraão, Isaac e Jacó.

A história de Abraão na visão de Gn 11,31–12,17

Em Gênesis, Abraão é apresentado como filho de Taré, irmão de Nacor e Arã, tio de Ló, filho de Arã e marido de Sara, que era estéril. A família de Taré era de Ur dos caldeus e seguiu em direção a Canaã. Parou em Harã e ali se fixou. Quando Taré morreu, Abraão partiu com Sara e seu sobrinho Ló, e chegou a Canaã (cf. mapa n. 14). Armou sua tenda nas proximidades de Betel; dali seguiu para o Egito, onde, para sobreviver, pediu a Sara que se identificasse como sua irmã e não como esposa. Sara foi levada para a corte como esposa do faraó. Por causa dela Abraão foi favorecido e acumulou muitos bens. Mas o gesto do faraó não agradou a Deus, que o feriu com pragas. E o faraó teve de devolver Sara a Abraão, que foi convidado a se retirar do Egito com Sara, Ló e tudo o que adquiriu. Era muito rico, a tal ponto que havia bri-

---

[1] NOTH, M. *Storia d'Israele*. Brescia, Roma, 1980.

MIGRAÇÃO DE POVOS SEMITAS
Séc. XIV a.E.C.

⇨ Rota de Taré, pai de Abraão: cf. Gn 11,31-32

⇨ Rota de Abraão: cf. Gn 12,1-9

⇨ Os "Filhos de Israel" a caminho do Egito: cf. Gn 46,8-27

⇨ Possível rota de Moisés a caminho da "Terra Prometida": cf. Ex 13,17-22

FONTES:
PAUWELS, G. J. *Atlas geográfico Melhoramentos*. São Paulo, Melhoramentos, 1997.
LOPES, J. M. *Atlas bíblico geográfico histórico*. Lisboa, Difusora Bíblica, 1984, n. 5, p. 17.

CARTOGRAFIA:
José Flávio Morais Castro, 2001.

Visão global 3
O povo da Bíblia narra suas origens
Serviço de Animação Bíblica - SAB

ga entre os pastores dos rebanhos de Abraão e os pastores dos rebanhos de Ló. Os dois tiveram de se separar. Ló ocupou o vale do Jordão; Abraão, a parte sul nas imediações de Hebron e Mambré. Ali viveu como pastor, teve um filho com a serva Agar, outro com Sara. Após a morte desta, casou-se com Cetura e com ela teve seis filhos (Gn 25,1-4).

Finalidade das narrativas patriarcais: a fé é uma herança preciosa

A visão que a Bíblia apresenta na reconstituição da história do povo, como vimos, é linear. Começa com Abraão, pai de Isaac, avô de Jacó e bisavô dos 12 homens que deram origem às 12 tribos de Israel. Porém, nada prova que essa genealogia ofereça a verdade dos fatos. *A finalidade das narrativas era mostrar a unidade dos antepassados desde o início.* Tudo indica que os fatos foram simplificados. Por isso, torna-se difícil estabelecer uma data exata para a entrada dos antepassados de Israel em Canaã.

É possível que tenham existido outros grupos que pertenciam ao mesmo meio étnico e social dos patriarcas e podem não ter chegado do mesmo modo e ao mesmo tempo à terra. O ciclo de Jacó, por exemplo, era independente do ciclo de Abraão. As relações conflitivas entre Jacó e Labão, o arameu, narradas em Gn 30–32, parecem indicar um período posterior: o século XIV a.E.C., época em que aparecem os arameus. É significativo o fato de que nenhuma tribo de Israel tenha levado o nome de um dos três patriarcas: Abraão, Isaac e Jacó. Daí, nasce a pergunta: qual das tribos de Israel teria então trazido para as demais essas tradições patriarcais? É bem possível que estas sejam projetadas sobre grupos ainda muito anteriores à formação das 12 tribos de Israel.[2] Essas tradições são, portanto, anteriores ao século XIV a.E.C.

A fé dos antepassados dá força à luta dos descendentes

Os descendentes dos patriarcas integraram, posteriormente, o grupo dos que resistiram ao feudalismo cananeu do final do segundo milênio a.E.C. Viviam nas estepes, fora do domínio das cidades e levavam uma vida de seminômades. Os descendentes de Jacó viviam na região Central e os de Abraão e Isaac, na região Sul. Os nomes dos

---

[2] VV.AA., *Israel e Judá...*, cit., p. 9.

patriarcas eram muito conhecidos nesse tempo. Tinham significados próprios nos documentos extra-bíblicos. Isso pode dar uma certa garantia de sua historicidade: Abraão significava "o pai (divino) é exaltado"; Jacó, "Deus protege"; Isaac, "Deus sorrirá".

Os patriarcas não viviam nas cidades que ficavam nas planícies, mas nas estepes, nos planaltos entre os montes e o deserto (Gn 12,8), como pastores de pequenos rebanhos. Não eram camponeses, fixados à terra. Nas narrativas patriarcais, a cidade aparece normalmente com conotações negativas. Diversos patriarcas, ao passar por elas, correram o risco de perder suas esposas (Gn 20,2-3; Gn 12,10-20); nelas não eram respeitados os direitos dos hóspedes (Gn 34,21-22); guerras, sequestros, maldades aconteciam nelas (Gn 13,13; 14,1ss.; 26,12-24); seus moradores não eram confiáveis (Gn 34,20-31).

Os grupos patriarcais sobreviviam com dificuldade

O principal meio de sobrevivência dos grupos patriarcais eram os rebanhos de ovelhas (Gn 47,3; 29,3; 13,2).[3] Os pastores eram pobres. Como entender então as narrativas bíblicas nas quais Abraão e Jacó são apresentados como homens muito ricos, com grandes rebanhos (Gn 12,5.16; 13,2; 18,7; 20,14.16; 32,5-6; 33,10-11)? São leituras engrandecidas, feitas muito tempo depois da morte desses patriarcas. Os autores desses textos tinham a preocupação de identificar os antepassados do povo de Israel com gente importante, com os reis que tinham grandes propriedades.

Abraão e seus descendentes não passavam de pequenos pastores. Levavam uma vida dura. Não viviam em casas, mas em tendas (Gn 13,1-3; 18,1; 24,67; 26,25), locomovendo-se de um lugar a outro. No verão, período de secas, migravam para as proximidades de terras cultiváveis, onde havia poços com água. No inverno, período de intensas chuvas, migravam para as estepes. Viviam em busca da própria sobrevivência e da de seus rebanhos. Tinham uma vida muito difícil.

---

[3] Eles não tinham condições de criar o boi, nem mesmo o camelo, que na época ainda não era domesticado.

As famílias patriarcais integravam trabalho e fé, na esperança da sobrevivência

A organização social básica dos grupos patriarcais era a família patriarcal. Diversas famílias formavam o clã. O patriarca, conhecido como o pai do clã, era a autoridade máxima. Exercia a função de juiz nos casos de conflito, presidia as funções religiosas e tinha autonomia jurídica e religiosa. A matriarca era mãe do clã, corresponsável pela tribo, embora não exercesse um poder político.

A terra era considerada um bem coletivo do clã. Normalmente os homens cuidavam dos rebanhos e as mulheres, dos filhos, do acampamento e de pequenas plantações para o próprio sustento. As crianças eram tidas em grande consideração, pois representavam a sobrevivência e a continuidade do clã. Mas entre os cananeus havia o costume de sacrificar filhos aos deuses.[4] No estilo de vida do clã predominavam as relações familiares: marido-mulher, pais-filhos, irmãos-irmãs, membros da grande família.

Tradição religiosa dos grupos patriarcais: a fé no Deus companheiro e protetor

Cada clã tinha suas tradições religiosas e invocava a divindade com um nome. Nos textos bíblicos mais antigos não aparece o nome com o qual os patriarcas invocavam a Deus; apenas aparece "... o Deus de teus pais, o Deus de Abraão, o Deus de Isaac e o Deus de Jacó" (Ex 3,6). No Pentateuco encontramos textos que provêm de uma corrente redacional sacerdotal da época do exílio, que nomeiam El Shaddai[5] como o Deus de Abraão, de Isaac e de Jacó (cf. Ex 6,3). Com o nome "YaHWeH"[6] (Ex 6,2) Deus se tornou conhecido muito depois, no período da vida tribal e da monarquia. Ao escrever sua história, o povo projetou esse nome para o passado mais remoto de Israel.

O modo de identificar Deus com a expressão "o Deus dos pais" tinha

---

[4] Pode ser desconsideração pela vida das crianças ou talvez a oferta do que tinham de mais amado.

[5] Existem várias interpretações para o significado do nome "El Shaddai": na língua acádica pode significar "o Deus da Montanha"; na língua hebraica pode significar "o Deus da Estepe" ou, ainda, "o Deus do Ventre", pois *shaddai* pode significar a terra como "ventre", "seio" que gera vida.

[6] YaHWeH é o tetragrama pelo qual os judeus identificam o seu Deus. As letras maiúsculas são as consoantes; as minúsculas, as vogais que não existiam no texto original, por isso as escrevemos em tamanho menor. Os judeus não pronunciam o tetragrama quando se dirigem a Deus; no seu lugar pronunciam "Adonai", que na língua hebraica significa "meu Senhor". Em respeito a eles, que nos precederam na fé bíblica, usaremos "Senhor" em vez de "IaHWeH", conforme o apresenta a Bíblia de Jerusalém. Quando o tetragrama aparece no decorrer dos volumes desta coleção é apenas para elucidar a sua compreensão.

algumas características que acompanhavam o tipo de vida nômade dos pastores. Deus era visto por eles como um Deus *peregrino e companheiro*, que caminhava com o povo por todo lugar aonde este ia (Gn 28,15). Não era um deus que ficava preso em um templo e só podia ser encontrado por aqueles que para lá se dirigiam. O "Deus dos pais" era também um Deus que *protegia* o povo pelo caminho. Ajudava a encontrar água (Ex 17,5-7), pão (Ex 16,4-5; Dt 8,3) e abençoava o rebanho (Gn 30,27-29). Havia alguns momentos especiais em que ofereciam sacrifícios ao "Deus dos pais".

Não havia um lugar especial para realizar o culto a Deus; normalmente o lugar escolhido ficava fora da cidade e debaixo de uma árvore. Então era levantado um altar e oferecido o sacrifício (Gn 12,7-8; 13,3-4; 22,9; 33,20). Esse lugar era considerado sagrado para aquele momento. O "Deus dos pais" era, enfim, o Deus da *promessa* (Gn 15,5-7; 26,1-6), aquele que tinha prometido a Abraão uma descendência numerosa, uma terra e um grande nome. Na certeza da fidelidade desse Deus, caminharam em busca da realização dessas promessas.

Ascendentes dos patriarcas em Canaã

Torna-se difícil afirmar quando os ascendentes dos patriarcas chegaram a Canaã. Eles provinham de troncos diferentes, com predominância dos amorreus, que imigraram para Canaã na primeira metade do segundo milênio a.E.C. (entre 2000 e 1600 a.E.C.). Certamente cada clã trazia na memória sua tradição de migração. Há grandes evidências de que, por volta do século XIV a XIII a.E.C., grande parte dos descendentes dos patriarcas se uniu ao grupo dos camponeses revoltados das cidades-estados e aos grupos que chegaram do Egito e do Sinai, e integraram a formação do povo de Israel.

Roteiro para o estudo do tema

1. Oração inicial
Conforme a criatividade do grupo.

2. Mutirão da memória
Compor a síntese do conteúdo já lido por todos no subsídio. Caso as pessoas não tenham o subsídio, ficará a cargo do(a) líder expor a síntese.

Recurso visual
- Armar no centro do grupo a tenda de pastores com as crianças sentadas dentro dela.

3. Partilha afetiva
Em grupos ou em plenário, dialogar:
- A que grupo de trabalhadores pertenciam nossos avós e nossos pais? Eram agricultores? Operários?
- Em que condições e com que instrumentos trabalhavam?
- Como eles entendiam a presença de Deus?
- Nossa situação, hoje, é melhor ou pior do que a deles?

4. Sintonia com a Bíblia
Ler Gn 12,1-5; Gn 26,22-25; Gn 28,10-16.

Pessoas de locais e situações diferentes tinham uma só certeza: Deus era o companheiro da caminhada.

Diálogo de síntese
Apresentar os objetos que foram trazidos e dialogar:
- Quais as expressões populares que mostram a fé do povo na presença de Deus?

Lembrete: para a próxima reunião, preparar uma encenação: uma família de migrantes, com trouxas e crianças, pedindo aos participantes pousada e trabalho.

4º tema
O povo reconta a história e revive a libertação

O grupo de Moisés e o dos beduínos de Seir integraram a formação do povo de Israel. O de Moisés, com a experiência da escravidão e libertação; e o dos beduínos, com o culto a YaHWeH.

Grupo dos fugitivos do Egito, ou grupo mosaico: uma experiência que mudou a história

O grupo de Moisés ou grupo mosaico fez a experiência da escravidão, do êxodo e da libertação do Egito. Experiência marcante, fundacional e recordada no decorrer da história do povo, assumida depois por todos os israelitas. Ela é recordada em seu credo, que se encontra em Deuteronômio (Dt 6,20-25; 26,5-15). Segundo a tradição bíblica, essa experiência foi iniciada por Abraão (Gn 12,10), vivida por Moisés (Ex 14,15-31), levada adiante por Josué (Js 3, 1-17), recordada pelos profetas (Os 11,1; Jr 2,6), revivida por Jesus (Mt 2,13-23) e apontada como caminho a seus seguidores (Ap 15,1-4).

Tanto os textos bíblicos como os textos egípcios registraram diversas entradas dos hebreus e seminômades no Egito por diferentes motivos. Alguns iam em busca de pastagens para os rebanhos, outros como prisioneiros de guerra, outros ainda eram capturados nos saques e invasões militares efetuados nos territórios de domínio egípcio, como Canaã (Gn 12,10-20; 39,1; 46,1-3).

Hebreus no Egito, unidos na opressão e na esperança

Os hebreus moravam no delta do rio Nilo, na região de Gessen (Gn 45,10; 46,28-29; Ex 1,11b; 8,18; 9,26), em duras condições de vida e com muito trabalho na fabricação de tijolos (Ex 1,14; Ex 5,6-23; Dt 26,6-7). Talvez não tenham chegado todos ao mesmo tempo e nas mesmas condições. Mas no Egito, segundo os textos bíblicos, todos foram congregados para o mesmo trabalho: a construção de silos para armazenar alimentos. De agora em diante a situação de opressão unirá todos os grupos. No meio deles, destaca-se a liderança de Moisés.

Moisés, o líder da luta libertadora

O nome Moisés significa, na língua hebraica, "tirado" ou "salvo das águas" (Ex 2,10). Por muito tempo se pensou que o nome "Moisés" fosse de origem hebraica. Um estudo mais recente revelou, porém, que é de origem egípcia. O nome de Moisés, por uma etimologia popular, é relacionado, na Bíblia, com o verbo hebraico *mashah* ("tirar") e interpretado como "tirado das águas" (Ex 2,10). Contudo, hoje, considera-se que é originado da palavra egípcia *mosés* ("nasceu"), que aparece frequentemente na forma composta de nomes de faraós, nos quais o sujeito é constituído por um nome de divindade, tais como: *Thut-mosés* ("o deus Tot nasceu"), ou *Ra-msés* ("o deus Rá nasceu"). Moisés, porém, é de ascendência hebraica (Ex 2,6).

A figura de Moisés é engrandecida; nem tudo o que se fala sobre ele é real. Moisés recebe muitos títulos e muitas funções como: profeta, sábio, mágico, pastor, legislador, libertador, líder. A tradição judaica se refere a ele como "nosso mestre". É apresentado como um super-homem. Mas, na verdade, o título e a função que melhor correspondem a ele são de líder e libertador, aos quais se pode acrescentar o de profeta.[1] Foi por meio dele que Deus conduziu o povo à liberdade.

Experiência religiosa do grupo mosaico, a comunidade de Deus

A expressão "o Deus dos hebreus", como já vimos, é típica para falar do Deus conhecido pelo grupo que fez a experiência da escravidão no Egito (Ex 3,18; 5,3; 7,16; 9,1.13; 10,3). O texto de Ex 15,21 é muito antigo. Ele atribui a Deus o nome de "Javé", já no contexto do Êxodo. Mas nessa época Deus não era ainda conhecido por esse nome. O culto ao Senhor, segundo alguns estudiosos, nasceu na terra de Madiã (Ex 2,15; 18,1), e não no Egito. O nome "YaHWeH" foi uma contribuição do grupo que fez a experiência do Sinai e é bem provável que não tenha sido o grupo de Moisés, como veremos adiante.

O culto a YaHWeH foi incorporado posteriormente à experiência do Êxodo. Quando Moisés insiste com Deus para saber qual é seu nome, este apenas lhe responde: "Eu sou aquele que é" ou "Eu sou me enviou até vós" (Ex 3,14). Deus não se define com um nome. Toda a

---
[1] O Deuteronômio considera Moisés o primeiro profeta do povo (Dt 18,13-18; cf. At 3,22-24).

definição de Deus é limitada. Ele é muito mais do que tudo aquilo que conseguimos dizer dele ou sobre ele. Ele inclui o significado de todos os nomes e vai além. Deus não pode ser definido ou manipulado. O Deus sem nome é o Deus dos hebreus, próximo de seu povo. Ele "escutava o clamor do povo" (Ex 2,24; 3,7-9), mas não escutava os pedidos do faraó nem dos protegidos deste. Quando o povo descobre Deus, não aceita mais os deuses do faraó, legitimadores do sistema de opressão.

O Deus dos hebreus, além de escutar os clamores de seu povo, desceu para libertá-lo e fazê-lo subir para uma terra onde corre leite e mel (Ex 3,7-8). Ele convida os israelitas a criar uma nova forma de relação pessoal e na sociedade, na qual nunca mais deveriam existir dominados e dominadores, senhores e escravos, mas todos deveriam ser iguais. Um povo, uma comunidade em que Deus será seu Deus, e o povo será seu povo.

A tradição do Êxodo: o encontro com Deus cria liberdade

O Êxodo se tornou a tradição mais importante do povo de Israel. Foi a experiência marcante de um pequeno grupo, o de Moisés. Os israelitas conheciam os egípcios e seu domínio sobre Canaã, os pesados tributos que eles impunham, os frequentes saques, o estrago das plantações e as deportações em massa, quando os tributos não eram pagos.

A partir dessa situação, pode-se entender o entusiasmo do grupo de Moisés em contar e recontar como conseguiu se libertar dos egípcios. O grupo viu o faraó face a face, esteve no cerne do poder, venceu os opressores em sua própria casa, resistiu contra a espoliação, viu os soldados afundarem no mar. Tudo isso era uma glória para eles. O êxodo do grupo de Moisés absorveu os demais êxodos. Ele foi assumido como uma experiência comum a todos os grupos.

Tempo de permanência no Egito

Os textos bíblicos não são unânimes quando se referem ao tempo de permanência dos israelitas no Egito. O texto de Ex 12,40 fala em 430 anos; Gn 15,13, em 400 anos; Gn 15,16 fala em três gerações no Egito; outras indicações ainda falam de uma geração (Ex 1,1-6). São textos de épocas diferentes. Seus autores não estavam preocupados com a exatidão dos números,

...nas em narrar a ação libertadora de Deus em favor do povo oprimido.

Saída do Egito: a ação de Deus na vitória do povo

Nos textos egípcios e nos textos bíblicos aparecem vários testemunhos de fuga. Entre os fatos registrados nos escritos egípcios, encontra-se o depoimento de um alto funcionário da corte que entrou em conflito com esta e teve de fugir. Ele narra as dificuldades por que passou durante a fuga pela fronteira vigiada por guardas. Caiu na estepe e foi acudido por um beduíno que o ajudou a sobreviver e chegar a Canaã: "Animei-me e me ergui ao ouvir o berreiro dos rebanhos e ao ver os beduínos. Um de seus chefes, que outrora estivera no Egito, reconheceu-me. Deu-me água e cozinhou leite para mim [...]". A narrativa é muito semelhante à fuga de Moisés da corte do faraó e sua chegada ao deserto de Madiã (Ex 2,11-21), onde foi ajudado por Jetro.

Os textos bíblicos também narram a saída do Egito vivida pelo grupo de Moisés. As narrativas não são unânimes. Ora falam em permissão do faraó (Ex 12,31-35), ora em expulsão (Ex 12,30-39), ora em fuga (Ex 14,5). Qual das três possibilidades corresponderia à experiência vivida pelo grupo de Moisés? É difícil ter certeza sobre isso. Das três possibilidades, é bem mais provável que a saída do grupo de Moisés tenha sido uma fuga e que as outras possibilidades talvez se referissem a outros grupos. As narrativas que falam da saída com permissão do faraó são mais extensas e detalhadas, principalmente com as descrições maravilhosas da vara de Moisés que se transforma em cobra e das célebres dez pragas, que culminam com a saída do povo com permissão ou expulsão do Faraó (cf. mapa n. 15).

O que a Bíblia quis dizer ao atribuir ao grupo de Moisés a saída com permissão do faraó? Quis dizer que a saída foi um acontecimento extraordinário, no qual Deus foi o protagonista principal. Mesmo que tenha havido a participação ativa das mulheres (Ex 3,21-22) e dos anciãos (Ex 3,15-23), sob a liderança de Moisés. As dificuldades e a resistência colocadas por parte dos egípcios (Ex 5,1-2; 14,5-7) ressaltam com maior veemência ainda a ação de Deus na vitória do povo. Contudo, a fuga parece ser a forma que melhor corresponde aos fatos. Esta foi favorecida pelas dificuldades internas do Egito no

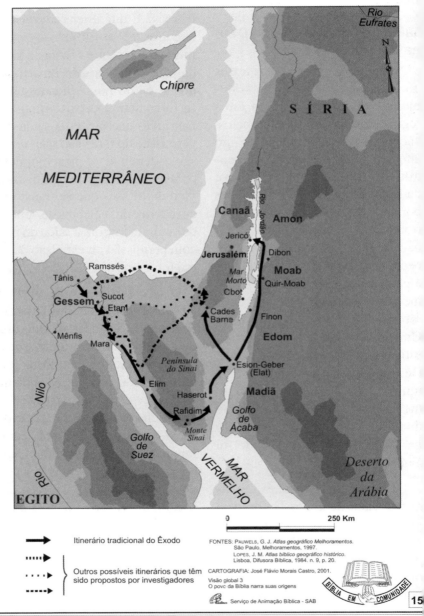

inal do século XII a.E.C. e pela ameaça externa dos filisteus. Os hebreus apresentaram um motivo: poder celebrar a festa da Páscoa (Ex 12,11). Mas de fato queriam fugir e levar embora as joias e vestimentas do saque que fizeram contra os egípcios (Ex 3,22; 12,35-36).

Em épocas diferentes, o povo revive sempre a experiência da libertação

O texto de Ex 15,21 é um dos mais antigos e traz algumas informações importantes: o nome "YaHWeH", com o qual Deus era invocado, os cavalos e cavaleiros, que trazem uma conotação militar, e o mar como local da saída. Esse texto não deixa claro qual é o mar e em que ponto deste se deu a saída. Por isso, surgiram diversas possibilidades. Há textos que falam no mar de forma genérica.[2] Outros falam no mar dos Juncos.[3] Um outro texto mais recente localiza o mar dos Juncos defronte a Piairot, entre Magdol e Baal Sefon, próximo ao mar Mediterrâneo (Ex 14,2.9), nas imediações do lago Sirbônico, a leste do delta do Nilo, no caminho da terra dos filisteus (Ex 13,17-18).

O tempo de trajeto da saída teria sido muito pequeno, de apenas três dias (Ex 3,18). Não só o local e o tempo são discutidos, como também as circunstâncias em que foi feita a travessia. Alguns textos falam que um vento forte secou o mar, mudou seu rumo e Deus destruiu os egípcios, pois as rodas dos carros emperraram (Ex 14,21.24-25.27). Outros textos (Ex 14,15-16.22.26-27a.28a) falam que o mar se abriu ao meio, dando passagem aos israelitas. Outro ainda fala que Deus fez perecer cavalos e cavaleiros no mar (Ex 14,17-18). Qual das três versões se refere à experiência do grupo de Moisés? É impossível saber.

As narrativas são experiências diferentes ou modos diferentes de contar a mesma história. Os autores são de épocas diferentes. Por isso, surgem também diferentes indicações de caminhos para a saída dos israelitas.[4] O texto de Ex 14,2.9 parece indicar o roteiro mais provável. Organizaram-se numa forma de resistência e fuga. Saíram do delta do Nilo, nas proximidades do lago Sirbônico, junto à costa

---

[2] Ex 14,16.21-22.26-30; 15,1.8.10.19.

[3] Ex 13,18; 15,4.22; Js 2,10; 4,23; 24,6; Sl 106,7.9.22; Ne 9,9.

[4] Possíveis rotas da saída do Egito: Ex 12,37; 13,17-21; Nm 33,1-49; Dt 1,19–3,29; Jz 11,16-22.

do Mediterrâneo. Seguiram pelo caminho dos filisteus até Cades Barne, de onde se dirigiram pela Transjordânia para a serra de Efraim, onde se estabeleceram. E por volta de 1200 a.E.C. uniram-se ao grupo dos camponeses cananeus.

Grupo dos beduínos de Seir: Deus revelou seu nome a eles

O grupo sinaítico é um dos que fazem parte da formação do povo. O nome "sinaítico" vem de "Sinai", lugar sagrado onde Deus se revelou com o nome "YaHWeH". O nome de Deus é a contribuição principal desse grupo aos demais grupos. Estes herdaram dele também o culto a YaHWeH.

O grupo era formado por beduínos seminômades. Dedicavam-se ao pastoreio do gado de pequeno porte. Chegaram a Canaã pela Transjordânia, vindos da região de Edom. O nome do grupo está ligado ao nome de um lugar de localização incerta.

Localização do Sinai

A montanha do Sinai não fica na terra de Canaã. É de difícil localização, pois leva nomes diferentes na Bíblia: "Horeb, a montanha de Deus" (Ex 3,1; Dt 5,2), "montanha de Deus" (Ex 18,5) e "montanha" (Ex 19,2). Essa diversidade de nomes dados à mesma montanha indica também a dificuldade de localizá-la com precisão. Três são as possibilidades: Edom, ao sul do mar Morto; Madiã, também ao sul, entre o mar Morto e o golfo de Ácaba; e a península do Sinai, no Egito. O texto bíblico mais antigo aponta para Seir, na região de Edom (Jz 5,4-5; cf. Dt 33,2).

Os fenômenos descritos no Cântico de Débora, em Jz 5, retratam as intervenções do Senhor acompanhadas por fenômenos semelhantes aos do monte Sinai (Ex 19,16.18; 20,18). Há outros textos que indicam Madiã como a segunda possibilidade. Parece revelar mais uma preocupação redacional do autor em relacionar o Sinai com Madiã (Ex 3,1; 2,15). Ou seja, o autor juntou duas histórias em uma única. Por último, na península do Sinai, onde são indicadas três montanhas como lugares possíveis de ter ocorrido a revelação de Deus: o monte de Moisés (2.244 m), o monte de Santa Catarina (2.602 m) e o monte Serbal (2.052 m). É impossível indicar um local exato, mas um fato é claro: o monte Sinai, local da revelação de Deus, não se encontra em Canaã, provavelmente nem na península do Sinai, e sim ao sul do mar Morto, na região de Edom e proximidades de Madiã.

Experiência religiosa do grupo sinaítico: ouvir a voz do próprio Deus

O valor e a profundidade da experiência religiosa que esse grupo viveu se revelam também pela grande extensão dos textos bíblicos que vão do capítulo 19 de Êxodo até o capítulo 10 de Números. São 59 capítulos, além do Deuteronômio (1 a 33), que apresentam uma retomada daquilo que Deus disse no monte Horeb ou Sinai (Dt 1,6; 5,2; Eclo 48,7).

O culto a YaHWeH era o centro dessa experiência religiosa. Por isso, tinham grande valor: o lugar, o tempo, as palavras e o

Mosteiro de Santa Catarina ao pé da montanha do Sinai.

mediador sagrado. Tudo era sagrado. A quem era prestado esse culto?

YaHWeH é o Deus que dá nome a seu povo

É difícil afirmar com certeza a qual divindade era prestado culto no monte Sinai. Os textos bíblicos do Primeiro Testamento apresentam alguns elementos que esse culto foi adquirindo no decorrer da história. Os autores bíblicos, por volta do ano 1000 a.E.C., identificaram o culto ao Deus do Sinai com o culto a YaHWeH (Jz 5,5). E mais: recuaram o culto a YaHWeH para um tempo anterior a Abraão (Gn 4,26). Em tudo isso há a preocupação de dizer que o culto que se prestava a YaHWeH no monte Sinai já acontecia desde o tempo dos patriarcas.

O culto a YaHWeH não nasceu em Canaã nem com os israelitas, mas sim ao sul do mar Morto, na região de Edom, nas proximidades de Madiã. Foi propagado pelos beduínos e aceito pelos israelitas. Essa afirmação encontra ressonância nos textos egípcios de 1400 a 1200 a.E.C., que falam dos "beduínos de YaHWeH", ou "beduínos de Edom", ou ainda "beduínos de Seir". O culto que prestavam a YaHWeH tinha características próprias.

Características do culto a YaHWeH: um Deus diferente dos ídolos

O culto a YaHWeH era prestado num lugar fixo: na montanha. Ele é o Deus da montanha. Os fiéis deviam peregrinar até lá para adorá-lo. Aí Deus se revelava por meio de fenômenos da natureza: fumaça, fogo, tremor de terra e outros (Ex 3,1-3; 19,16.18). Além de ser o Deus da montanha, YaHWeH era ciumento, zeloso e *Um*.[5] Ele não admitia outros deuses, nem mesmo a reprodução de suas imagens[6] (Ex 20,3-4; Jz 5,8).

Na tradição bíblica, YaHWeH ocupa um lugar central e único. Ele é apresentado como o Deus de Abraão, o Deus de Isaac e o Deus de Jacó (Ex 3,6.15), o Deus dos hebreus no Egito (Ex 3,18) e o Deus da Aliança no Sinai (Ex 19,1-8). Mas essas atribuições são posteriores, pois só no período dos juízes e da monarquia se afirmou o nome de

---

[5] Normalmente nossas Bíblias traduzem a expressão de Dt 6,4 por "Deus único". Essa tradução não é exata porque há diferença no hebraico entre "um" (*ehad*) e "único" (*Iahid*). "Deus um" indica "sem divisões no seu interior", enquanto "único" indica a negação da existência de outros. "Deus um" é proclamação máxima da fé na unicidade de Deus, efetuada pela comunidade israelita. "Deus um" também no sentido de ser fiel a suas promessas e digno de confiança.

[6] Cf. Jz 5,8; Dt 4,35.15. Proibição de imagens: Ex 20,5; Dt 5,8; 7,5.12. Em outros textos Deus manda construir os querubins e colocá-los sobre a arca: Ex 25,18.22; 1Sm 4,4; 2Sm 6,2; Sl 80,2; 99,1.

Deus como YaHWeH ("Senhor"). No tempo dos patriarcas, foi atribuído a Deus o nome "El Shaddai" e, posteriormente, "Deus dos Pais". No período da escravidão no Egito, ele era conhecido como o "Deus dos hebreus", e a Moisés se revelou como "Eu sou o Deus de teu pai, o Deus de Abraão, o Deus de Jacó". A forma final e tardia do nome de Deus, YaHWeH, tem um significado original, diferente das divindades de outros povos, que levavam outros nomes.

YaHWeH na língua hebraica

YaHWeH[7] não é nome próprio na língua hebraica, mas é uma forma verbal que corresponde ao imperfeito do verbo "ser" com significado de futuro, nessa língua. Traduzido para nossa língua, significa: "Ele será". É uma afirmação a respeito da divindade. YaHWeH será o Deus de Israel e Israel será o seu povo (cf. Jr 7,23; Lv 26,12). Essa é a fórmula própria da aliança de Deus com o povo. Todas as tribos de Israel reconhecem a soberania de Deus ao abandonar os ídolos e acolher YaHWeH como seu Deus na confederação das tribos, na assembleia de Siquém (Js 24,14-18).

Escritos da época

No período da formação do povo de Israel, não encontramos escritos bíblicos. Há indícios, porém, de que o Salmo 104[8] tenha sido inspirado em escritos extrabíblicos desse período, em razão de suas semelhanças com alguns hinos egípcios, como "Hino ao Sol", de Akhenaton, e o hino mesopotâmico de Enuma Elis. O Salmo 104 e a literatura sapiencial (Gn 1; Jó) mostram um Deus presente na obra da criação, que ao mesmo tempo a transcende.

O período da formação do povo se caracteriza pelas tradições orais que vão surgindo entre os diversos grupos de norte a sul e pouco a pouco vão sendo escritos e organizados até tomarem a forma de um livro, a Bíblia, como veremos mais tarde, no pós-exílio.

Escritos bíblicos sobre o período da formação do povo

Na Bíblia encontramos alguns escritos que falam sobre o período

---

[7] Algumas religiões usam chamar Deus de "Jeová", em vez de YaHWeH. A forma "Jeová" é resultado da transferência de vogais de "Adonai" (Senhor) para o tetragrama YHWH.

[8] Na "Linha do tempo", colocada no final do último capítulo, a partir deste volume, alguns salmos não são situados em seu provável contexto histórico, outros não, por serem de difícil contextualização, pois caracterizam situações humanas universais que se ajustam a todos os períodos.

da formação do povo. Eles se referem aos patriarcas e à experiência da escravidão no Egito. São escritos muito posteriores aos acontecimentos; a maior parte deles se baseia nas tradições orais que surgiram em épocas e lugares diferentes. Os primeiros capítulos de Gênesis, por exemplo, falam sobre as origens do mundo, da humanidade e do mal, mas não foram as primeiras páginas escritas da Bíblia. Foram escritas muito depois, no exílio da Babilônia.

Nesta primeira série de nosso estudo, vamos conhecer os escritos que surgiram *no período* e os que falam *sobre o período* que estamos estudando. É como se algum de nós quisesse hoje conhecer a história da própria família. Iria pesquisar as certidões de nascimento e de óbito dos antepassados, ouvir histórias dos mais velhos, procurar escritos sobre a família ou da época. Talvez essa pessoa chegasse a reconstruir a história, quem sabe, de 300, 500 ou mil anos atrás. Sem dúvida seria um trabalho muito exigente. O mesmo aconteceu com a história do povo da Bíblia. O início foi muitos anos atrás. Não é apenas para conhecer a história, mas para descobrir nela como eles viveram a fé em Deus, como venceram as dificuldades e como construíram uma convivência mais justa e tranquila entre si e com os demais povos.

No período da formação do povo da Bíblia, não surgiram escritos contemporâneos à história; todos nasceram muito depois e falam sobre o período. É a história dos patriarcas e a experiência da escravidão no Egito. A história dos patriarcas Abraão, Isaac e Jacó e de seus 12 filhos é recordada de modo especial em alguns livros (Gn 12–50; 1Cr 1–2; Eclo 44) e referida em toda a Bíblia. A experiência da libertação da escravidão do Egito, sob a ação de Deus, e a caminhada pelo deserto marcaram o povo e são lembradas sobretudo em Êxodo, Números e Eclesiástico (Ex 1–18; Nm 9–14; 20–25; Eclo 45). Essas experiências perpassam toda a Bíblia.

Do período da formação do povo são conhecidos, também, escritos não bíblicos: as cartas de Tell el-Amarna e a estela de Merneptá. As cartas, como vimos anteriormente, foram escritas pelos reis das cidades-estados de Canaã e enviadas ao faraó Amenófis IV (ou Akhenaton — 1372-1354 a.E.C.) do Egito. Os reis pediam proteção ao império e reclamavam dos

O povo reconta a história e revive a libertação

invasores nos seus domínios e de grupos rebeldes, os hapirus. A estela de Merneptá é um monumento em pedra, erguido em homenagem ao faraó Merneptá do Egito (1224-1204 a.E.C.), que mandou escrever nela as vitórias contra os inimigos, entre eles Israel.

*

Conclusão: o povo se une a partir da descoberta de Deus

A apresentação da formação do povo de Israel pela união dos grupos abraâmico, mosaico, sinaítico e dos camponeses oprimidos é uma das formas de começar a contar essa história. Os quatro grupos são os principais, mas não excluem a possibilidade da presença de outros grupos que não foram nomeados neste trabalho e no decorrer da história, mas com certeza contribuíram para a formação do povo. Assim também aconteceu na formação do povo brasileiro; além dos índios, portugueses e africanos, houve a influência holandesa, francesa e outras, mais tarde.

É possível que os diversos grupos que formaram o povo da Bíblia, por volta de 1250 a.E.C, já fossem conhecidos pelo nome Israel, conforme aparece no monumento de Merneptá. Esses grupos se uniram e se retiraram para as montanhas, começando uma nova forma de organização social conhecida como período tribal. No início, as tribos se organizavam sob a orientação dos anciãos e depois dos juízes. Para uma visão global do período, veja a seguir a "Linha do tempo".

Visão Global 3

LINHA DO TEMPO: PERÍODO DA FORMAÇÃO DO POVO (1800-1220 A.E.C)[9]

Império	Egito				
Anos	1800			1290	1220
Período	Formação Do Povo				
Personagens não bíblicos	Reis de Canaã			Ramsés II 1290-1224	
Personagens bíblicos		Abrãao-Sara Isaac-Rebeca Jacó-Raquel			Moisés Aarão Miriam
Realidade e problemas: situação do povo	Cananeus	Pastores	Beduínos de Seir	Camponeses oprimidos	Escravos fugitivos do Egito
	Viviam em planícies, dependentes do Egito em pequenas cidades--estados independentes entre si. Tinham carros de guerra e exército permanente. Exploravam as aldeias com tributos e trabalhos forçados.	Viviam em estepes. Levavam uma vida seminô-made e livre. Viviam longe de cidades e não pagavam impostos. Eram descendentes dos patriarcas. Acreditavam no Deus dos pais, que lhes prometia terra, descendência e um grande nome.	Viviam no deserto. Eram seminômades. Fizeram a experiência do Deus do Sinai. Introduziram em Israel o culto a YaHWeH.	Viviam nas aldeias ao redor das cidades--estados. Eram identificados com os "hapirus" e explorados pelos reis, com duro trabalho, saques e tributos. Uniram-se aos demais grupos e conseguiram sobreviver nas montanhas graças ao arado, ao machado e às cisternas.	Viviam em estepes e montes. Eram fugitivos do Egito. Uniram-se a outros grupos marginalizados. Fizeram a experiência do Deus Libertador, o Deus dos hebreus.
Escritos do período	Cartas de Tell el-Amarna	Tradições orais			Tradições orais
Escritos sobre o período		Gn 12–50; 1Cr 1–2; Eclo 44			Estela de Merneptá; Ex 1–18; Nm 9–14; 20–25; Eclo 45

---

[9] Reproduzido (com modificações) de: "História do povo de Deus: linha do tempo", em *A formação do povo de Deus*, de CRB (São Paulo, Loyola, 1990, apêndice 5, coleção Tua Palavra é Vida).

Roteiro para o estudo do tema

1. Oração inicial
Conforme a criatividade do grupo.

2. Mutirão da memória
Compor a síntese do conteúdo já lido por todos no subsídio. Caso as pessoas não tenham o subsídio, ficará a cargo do(a) líder expor a síntese.

Recursos visuais
- Mapa "Possíveis Trajetórias do Êxodo" (p. 56).
- Encenar uma família de migrantes que conversam com os membros do grupo e pedem trabalho e comida.

3. Partilha afetiva
Em plenário ou em grupos, dialogar:
- Qual a origem de minha família (de meus pais, avós)?
- Eles viveram sempre no lugar de origem ou foram para outras cidades?
- E eu? Saí de minha cidade natal por quê?
- Encontrei o que buscava longe de meu lugar de origem?

4. Sintonia com a Bíblia
Ler Dt 26,5-15.

No credo de Israel, o povo recompõe a história, vendo nela a ação de Deus.

Diálogo de síntese
- Como poderia ser o credo do povo brasileiro que mostrasse a ação de Deus em nossa história?

Subsídios de apoio

Bibliografia utilizada

AZEVEDO, G. G.; SANTOS, F. M. *Panorama do Brasil 2*: a organização do espaço brasileiro, a diversidade regional. São Paulo, Atual, 1994.

CHARPENTIER, E. *Pour lire l'Ancient Testament*. Paris, Cerf, 1980.

CORDERO, F. *Brasil/África, sem fronteiras*. Rio de Janeiro, Ave-Maria, 1988.

GOTTWALD, N. K. *As tribos de Yahweh*: uma sociologia da religião de Israel liberto. São Paulo, Paulus, 1986.

KOSHIBA, L.; PEREIRA FRAYZE, D. M. *O índio e a conquista portuguesa*. São Paulo, Atual, 1994.

MAIA-FREIRE. *Brasil; laboratório racial*. Petrópolis, Vozes, 1973.

METZGER, M. *História de Israel*. São Leopoldo, Sinodal, 1989.

NOTH, M. *Storia d'Israele*. Brescia, Roma, 1980.

SCHAWANTES, M. *A história de Israel, local e origens*. São Leopoldo, Sinodal, 1984.

SOGGIN, A. *Storia d'Israele*. Brescia, Paideia, 1984.

VV.AA. *Israel e Judá*: textos do antigo Oriente Médio. São Paulo, Paulus, 1985.

Bibliografia de apoio

BALANCIN, E. M. *História do Povo de Deus*. São Paulo, Paulus, 1990.

CAZELLES, H. *História política de Israel*. São Paulo, Paulus, 1986. pp. 82-134.

MESTERS, C. *Um projeto de Deus*. São Paulo, Paulus, 1982.

PULGA, R. *Beabá da Bíblia*. São Paulo, Paulinas, 2001.

QUEIRUGA, Andrés Torres. *Do terror de Isaac ao Abbá de Jesus*. São Paulo, Paulinas, 2001.

SANCHEZ, T. P. *Vocês serão o meu povo*. São Paulo, Paulinas, 1992.

SARAVIA, J. *O caminho de Israel*. São Paulo, Paulinas, 1994.

Recursos visuais

CASTRO, José Flávio Morais. *Transparências de mapas e temas bíblicos para retroprojetor*. São Paulo, Paulinas, 2001.

ESTUDO BÍBLICO do AT e NT com mapas. São Paulo, Paulinas, 1999.

PULGA, C. M. *A Bíblia ontem e hoje*. São Paulo, Paulinas-COMEP, 1992. (Vídeo.)

Rua Dona Inácia Uchoa, 62
04110-020 – São Paulo – SP (Brasil)
Tel.: (11) 2125-3500
http://www.paulinas.com.br – editora@paulinas.com.br
Telemarketing e SAC: 0800-7010081